はじめての日本国史

お父さん、日本のことを教えて!

赤塚高仁

自由国民社

はじめに

日本は「いつ、誰が作ったのか」答えられますか？

ある女子高校生の話です。

彼女は高1のときにアメリカに留学しました。アメリカの文化を学ぶためです。ホームステイ先はカリフォルニア州にあるテハチャピという小さな村にあるアメリカ人の家庭でした。

日本人が住んでいない地域でしたので、知らない国からやってきた女子高生にみんな興味津々でした。学校に行けばクラスメイトが聞いてきます。

「ねえ、日本て、どんな国？　何があるの？」

彼女は質問されるたびになれない英語で全力で答えました。

あるとき、ホストファミリーのお母さんが彼女に聞いてきました。


「日本はいつ、誰が作った国なの？」

彼女は答えを知りませんでした。

「えっ、いつだろう？　作ったのは誰か？　うーん、わからない。教えてもらってないし」

ホストファミリーのお母さんは、驚き、そして諭《さと》すように言いました。

「そうなの。教わってないのね。でも、知らないのは日本に対して、あなたの愛がないからじゃないかしら。自分の国を愛せないで、ほかの国を愛せる？　あなたは何のためにアメリカに来たの？」

「アメリカや世界を知りたかったから」

「そう。でも、あなたが知るべきはアメリカや世界のことじゃない」

「……。日本のこと？」

「そう、まずは自分の国のことをわかったほうがいいわ。自分の国を知って愛せなければ、アメリカで信頼を得るのは難しい。いえ、どこの国に行っても難しいでしょうね」

ときは２００２年。まだインターネットもいまほど普及していない時代でしたから、日本の歴史について調べたくても、アメリカにいる彼女には調べるすべはありませんでした。

その女子高生は、うつうつとしながら１年を過ごし、アメリカから日本に戻るやいなや、父親に涙ながらにうったえました。

「お父さん、日本のことを教えて！　何も答えられなくて、ほんとうに悲しかった」

歴史の舞台を足で学ぶ

この女子高生とは、私の一人娘です。

娘から、「知らない国で悲しい思いをした」と打ち明けられて、父としてショックでした。

さらに、自分が日本の建国について何も知らないことに恥ずかしさを覚えました。

私は当時42歳。建設会社を営みながら、ライフワークとして、聖書やイスラエルについて勉強を続けていました。といっても私はクリスチャンではありません。

私の師で、日本の宇宙開発の父といわれた糸川英夫博士から、

「聖書はキリスト教の経典ではありませんよ。人類の知恵の書物です」

と教えていただいたのをきっかけに、純粋に聖書やイスラエル、ユダヤ人に興味を持ち学んでいたのです。イスラエルにも何度も足を運んでいましたので、イスラエルの建国に

ついては何時間でも話せました。講演もしていました。けれども、日本の建国については1分も語れなかったのです。そこで、日本について猛勉強を始めました。

日本最古の歴史書「古事記」に始まって、多くの歴史書を読み漁り、娘と一緒に歴史の舞台である神社を訪ね、山を登り、実際に足の裏で日本史を学んできました。

足の裏から私の体に伝わってきた史実、あるいは神話に身震いを感じたのは一度や二度ではありませんでした。

そうやって、日本の建国や文化について知識を増やしていきました。

娘はその後、日本を大好きになりました。もちろん、私自身もです。

歴史を知れば知るほど、日本を誇りに思える

日本の歴史の知識を深めていくと、次のようなことがわかってきました。

・なぜか中学生や高校生の教科書に詳しく書いていないけれども、日本人であれば、ぜひ知っておいたほうがいい史実がたくさんある。

・聖書を学び西洋の考え方を深く理解している私だからこそ見えてきた、古の時代から

はじめに

受け継がれた日本人ならではのすばらしさがある。

・多くの国が「読み・書き・そろばん」の次には、自分の国の素晴らしさを教えるのに、日本ではその教育がおろそかになっている。もっと子どもたちに誇りをもってほしい。

本書では、こうしたことを伝えるために、**「中高生や大人たちが知っておいたほうがいい、私たちの国の歴史」**について、Q＆A形式でわかりやすく説明しました。

できるだけ素朴な疑問でありながら、どこか日本を誇りに思える内容にまとめています。

日本は、今後オリンピックなどを機に多くの外国人と話す機会が増えます。

海外に行く人もさらに増えるでしょう。

そんなときに自国の話ができると会話もはずむし、ちゃんと話せれば信頼にもつながります。

何より自国に誇りをもてれば、自分がわくわくした日々を送ることができます。

さあ、一緒に私たちの国の歴史を学んでいきましょう。

赤塚 高仁

目次

はじめに　3

第1章　日本のなりたち　13

1　日本はいつ、誰が作ったのですか　15
2　古事記は誰が、何のために作ったのですか　19
3　古事記と日本書紀は、どう違うのですか　23
4　神話は、本当のことですか　27
5　神武天皇は、本当にいたのですか　33
6　「宇宙が神を作った」とする日本の神話と、「神がすべてを作った」とする一神教の世界の違いは何ですか　37
7　「うしはく」「しらす」という言葉を聞いたのですが、どういう意味ですか　43
8　仁徳天皇の「民のかまど」という話があると聞いたのですが、どんな話ですか　49

目次

第2章　江戸、明治、大正、昭和の時代　53

9　江戸時代に、なぜ鎖国をしたのですか　55
10　鎖国をしていたとき、なぜ外国は日本に攻めてこなかったのですか　59
11　「五箇条の御誓文」とは、何ですか　63
12　「教育勅語」とは、何ですか　71
13　教育勅語は、なぜ、なくなったのですか　79
14　西洋諸国の植民地政策と日本の植民地政策の違いは、何ですか　83
15　南京大虐殺は、本当にあったのですか　87
16　第二次世界大戦中に立派な行いをした日本人は、いませんか　89
17　日本では、どうして祖国を誇りに思う教育を学校でできないのですか　95

第3章　日本の神　101

18　ジョン・レノンが伊勢神宮でインスピレーションを得て作った曲があると聞きました。何という曲ですか　103
19　天照大御神を伊勢に祭ったのは、誰ですか　109
20　伊勢神宮で20年ごとに執り行われている国家的行事とは、何ですか　113
21　神さまを身近に感じる方法はありますか　119
22　日本人はなぜ、年末にクリスマスを祝い、正月には寺にも神社にも行くのですか　121

第4章　天皇　123

23　「万世一系の天皇」の仕事は、何ですか　125
24　「天皇は日本の象徴」とは、どういう意味ですか　129

目　次

25　天皇家の家紋は、何ですか　133
26　「女性天皇」と「女系天皇」の違いは、何ですか　137
27　「皇位継承問題」とは、何ですか　141
28　玉音放送の「玉音」とは、何ですか　145
29　信長も秀吉も家康も、天皇になろうとしなかったのはなぜですか　151

第5章　日本の決まりごと　155

30　「祝日」とは、何を祝う日ですか　157
31　「君が代」は、いつ誰が作ったのですか　165
32　なぜ、土日はお休みなのですか　171
33　ご飯とお汁は、どちらからいただくのが正しいですか　175

第6章　日本人　177

34　日本人の仕事ぶりは、外国と比べてどんな特徴がありますか　179
35　日本のマンガやアニメが世界的にも独特な文化を築いたのは、なぜですか　183
36　日本人は、どうして自分の意見をはっきりと主張しないのですか　185
37　生活の中で日本の美しさに気づくには、どうしたらいいですか　189
38　正しい国史を学ぶには、どうすればいいですか　195
39　日本人のこれからの役目は、何でしょうか　199

番外編　日本の偉人列伝　203

おわりに　227

第1章　日本のなりたち

1

日本はいつ、誰が作ったのですか

紀元前660年2月11日に、神武《じんむ》天皇が建国したといわれています。

日本のなりたちについて、日本の現代の小学校や中学校の教科書では、触れられていません。だから多くの人は「日本はいつ、誰が作ったか」を知りません。

一方、アメリカで出版された中学1年生の歴史の教科書には、「日本のストーリー」として次のように書かれています。

日本の子どもたちは、学校で次のように学んでいる。
イザナギという権威ある神が、その妻イザナミと共に「天の浮橋」の上に立った。
イザナギは、眼下に横たわる海面を見下ろした。
やがて彼は暗い海の中に、宝石をちりばめた槍を降ろした。
その槍を引き戻すと、槍の先から汐のしずくが落ちた。
しずくが落ちると、次々に固まって、島となった。
このようにして日本誕生の伝説が生まれた。

またこの伝説によると、イザナギは多くの神々を生んだ。

その中の一人に太陽の女神があった。

女神は孫のニニギノミコトを地上に降り立たせ、新しい国土を統治することを命じた。

ニニギノミコトは大きな勾玉と、神聖な剣と、青銅の鏡の３つを持って、九州に来た。

これらはすべて、彼の祖母から贈られたものであった。

これら３つの品物は、今日もなお、天皇の地位の象徴となっている。

ニニギノミコトにはジンムという曾孫があってこの曾孫が日本の初代の統治者となった。

それは、キリスト紀元前６６０年２月11日のことであった。

何百年もの間、日本人はこの神話を語り継いできた。

この神話は、日本人もその統治者も、国土も、神々の御心によって作られたということの証明に使われた。

現在のヒロヒト天皇は、ジンム天皇の直系で、第１２４代に当たるといわれる。

かくして日本の王朝は、世界で最も古い王朝ということになる。


まとめると、太陽の女神が孫の瓊瓊杵尊《ににぎのみこと》を地上に降ろして、国を統治するように命じた。この地上とは九州。そして、瓊瓊杵尊のひ孫の**神武《じんむ》天皇**が日本の初代の統治者になった、という話です。

これは、日本でもっとも古い歴史書、古事記のクライマックス**「天孫降臨《てんそんこうりん》」**を元に書かれています。

太陽の女神と書かれているのは、**天照大御神《あまてらすおおみかみ》**のことです。

九州と言っているのは、日向の高千穂の峯。現在の宮崎県のことです。

この日本のストーリーから、「日本はいつ、誰が作ったか」をひも解くと、

「紀元前６６０年2月11日に、神武天皇が作った」

ということになります。

2

古事記は誰が、何のために作ったのですか

第40代天武《てんむ》天皇が、日本の歴史を後世に伝えるために残しました。

私は聖書を学んでいますが、聖書とよく似ていると思うのが日本の古事記です。それぞれの国の地域のなりたちがよくわかるからです。

古事記は現存する日本最古の歴史書です。西暦712年に完成しました。飛鳥時代に活躍し、はじめて「天皇」という称号を自ら使ったとされる第40代**天武《てんむ》天皇**が、「後世に日本の正しい歴史を伝えたい」と考えたのがきっかけです。

当時は、中央集権の国家づくりが進んでいた時代で、一方で、アジアの国々が勃興し、日本は中国大陸とさかんに交流をしていました。

天皇は「国を守らなければいけない。そのためには、日本の国の共通の概念を国民が持たなければならない」と思われたのでしょう。

国がいつできて、どうなってきたかをしっかり日本人に伝えようとして、稗田阿礼《ひえだのあれ》という天才に語り聞かせました。

当時は、もちろん録音機はありませんから、稗田阿礼が自分の頭に記憶しました。その記憶を太安万侶《おおのやすまろ》が文字に書きおこしたのが古事記です。

文字といっても、漢字だけが使われ、それも現代の漢字とは違います。日本語の音に、同じ音の漢字を当てた「当て字」でした。

当時は、ひらがなもカタカナもありませんでした。これが、もし、当時のままの漢字の状態だったら、現代において誰も読むことはできなかったでしょう。

簡単に読めるようになったのは、江戸時代の国学者**本居宣長**《もとおりのりなが》の功績です。

これについては、この本の最後の「番外編　日本の偉人列伝」でお話しします。

3

古事記と日本書紀は、どう違うのですか

古事記は国のなりたちを日本国民に知ってもらうためのもので、日本書紀は日本について諸外国に知ってもらうためのものです。

「古事記」も「日本書紀」も歴史書で、両方とも天武《てんむ》天皇の命で作られました。

古事記は全3巻、日本書紀は30巻と系図1巻でそれぞれ構成されており、まずボリュームが全然違います。また、古事記は712年に、日本書紀は720年に完成しています。古事記のほうが8歳年上というわけです。

古事記はストーリー性が高く、日本書紀は時代順に書かれ、記録的な意味合いが強い。また古事記は少人数で編纂されたが、日本書紀はかなり大がかりな人数で作られた……などの違いがあります。

これらの他に、注目すべき大きな違いとして、

「国内向けか、国外向けか」

ということがあります。

	日本書紀	古事記
巻数	30（+1）巻	3巻
歌	128首	112首
編纂期間	39年	4か月
形式	編年体 漢文	物語調 和化漢文
目的	国外向け	国内向け

※古事記と日本書紀のちがい（http://www3.pref.nara.jp/miryoku/narakikimanyo/manabu/chigai/）「奈良記紀万葉」奈良県 地域振興部 文化資源活用課 Webサイトをもとに作成

古事記は、「国民のみなさん、しっかりと国のなりたちを知ってください、そして、日本人であることを認識しましょう」という、国民に対するメッセージとして作られました。会社で言えば、社内向け、社員用のマニュアルです。

一方、日本書紀は、諸外国に対して、日本を伝えるためのパンフレットととらえるとわかりやすいでしょう。

というのも、次のような特徴があるからです。

「古事記」は、日本語の音を漢字の音に当てて書かれています。文字の意味は関係ありませんから、外国人である中国大陸の人たちには読めなかったでしょう。

「日本書紀」は、漢語で書かれていました。漢語は当時の日本からすると外国語です。もちろん、中国の人はすらすら読めたでしょう。また、日本書紀には、中国や朝鮮半島の文献も引用されています。

4

神話は、本当のことですか

神話は「事実」ではないかもしれませんが、「真実」が書かれています。

古事記では、日本のなりたちについて次のように書かれています。

海面を見下ろしていた太陽の女神が、孫の瓊瓊杵尊《ににぎのみこと》を地上に降ろして、国を統治するように命じた。この地上とは九州。そして、瓊瓊杵尊のひ孫の神武天皇《じんむてんのう》が日本の初代の統治者になった。（意訳）

これを読んだ人の中には、「古事記はただの神話であって事実ではない」という意見があります。たしかに、そうかもしれません。

「海面を見下ろしている」ということは、天上界にいることになります。そして、天上界からひ孫を降ろしていますから、もし、事実だとしたら怖いことになります。地面にぶつかって命を落とすことになる。事実ではないとわかります。

ですが、神話は必ずしも事実である必要はありません。

世界の歴史を見ても、「神話イコール事実」と思っている人はほぼいないでしょう。

たとえば、ユダヤ教およびキリスト教の正典である旧約聖書には、「神が土を捏《こ》ねて、息を吹き込んだら生きたものになった」とあります。

事実かどうかという視点で見れば、「えー、土を捏ねて、息を吹き込むと生きたものができるの？」と多くの人が首をひねるでしょう。たしかに事実ではないかもしれません。

それでも、旧約聖書はずっと現代まで大切に受け継がれています。なぜでしょうか。

神話には、**事実**はないかもしれないけれども、**真実**があるからです。

事実と真実は何が違うのか。

事実は実際に起きたことで、真実は起きたことへの嘘いつわりのない解釈のことです。

では、「神が土を捏ねて、息を吹き込んだら生きたものになった」にはどんな真実があるのでしょう。

人間は星のかけらからできています。少し難しい言い方をすると、人間は元素からできています。元素はどこにあったかというと宇宙や地球にあったものです。地球を構成するのは土ですから人間は土（＝地球のかけら）からできているという言い方もできます。

旧約聖書にある「息」は、ヘブライ語で「ルアハ」といいます。ルアハには「霊」という意味があります。つまり、地球のかけらに霊が宿ったものが人間である、という解釈もできます。これは「真実」です。

旧約聖書を作った人は、事実よりも、真実を伝えたいのだろう、とくみ取れます。

旧約聖書はユダヤ人が編纂《へんさん》しましたが、日本人の考え方とも共通点があります。日本の大和言葉《やまと》では、人のことを「霊止」と書きました。霊が留まっているのが「ヒト」です。人についての真実は、昔の西洋でも日本でも同じだったことがわかります。

そして、旧約聖書でも、日本のもっとも古い歴史書「古事記」でも、神さまが人間を作ったと書かれています。これも共通です。

でも、違いもあります。

旧約聖書の創世記では、アダムとイブの子、兄カインは嫉妬によって弟アベルを殺したとあります。日本の「古事記」や「日本書紀」では、スサノオノミコトは、優秀な姉アマテラスオオミカミといつも比べられますが、嫉妬に荒れ狂っても、アマテラスオオミカミを殺しませんでした。二人は和解するんです。

神話に込めた祖先の思いを読み取るのは子孫の仕事

大事なのは、古事記に書かれている内容が事実かどうかよりも、**どうとらえるか**です。

古事記の最初に次のようなくだりがあります。

天津神たちが話し合って、イザナギとイザナミに「この漂ってる国を固めて完成させなさい」と命じて天《あめ》の沼矛《ぬぼこ》を渡しました。

イザナギとイザナミは天《あま》の浮橋《うきはし》に立って、天の沼矛を海に突き刺してかき回しました。ゴロンゴロン回して引き上げると、矛《ほこ》の先から塩がしたたり落ちて積もっていきました。

それが島となりました。これがオノゴロ島です。（意訳）

（注・矛とは、柄が長く先端に刃がついた武器のことです）

私は古事記の勉強会で仲間と話し合う中で、「オノゴロ島は自ずからゴロゴロころがる島？　つまり自転する島のこと。あっ地球のことだ。我々日本人の先祖は、地球が自転することを知っていたんだ」と考えました。

神話にはそんなメタファー（たとえ話）がちりばめられている、と考えるとおもしろいのです。

「神話には、宇宙を創造するにあたっての、天の願いが込められている」ととらえたら、どうでしょう。その願いとは、「争いによって作る世界ではなく、みんなが仲良くする世界を作ろう」ということ。そして、代々、我々の先祖は、その神話に馳せられた思いをくんで日本を作ろうとしてきたのです。


祖先が神話に込めた思いを「たとえ話」としてどう受け止めるかは子孫の仕事です。子孫の受容力と想像力の問題なのです。

時代を超えて、「古事記」や「日本書紀」が伝えられてきているのには理由があります。

自分たちの国の始まりを知るのは、自分の国を誇りに思う第一歩です。

知っていれば、海外の人に「日本のことを教えて」と聞かれたときに、「日本の国の始まりは、こうだったんだよ」と胸を張って答えられます。

実は、**戦前や戦争中は、日本の始まりについて、「国史」として教科書に書いてありました**。でも、戦後、GHQが、国史の授業の即時停止命令を出し、日本の子どもたちが自分の国の始まりについて知る機会がなくなりました。

これからは、日本という国の始まりについて、みずから学ぶ機会があってほしいと思います。

5

神《じん》武《む》天皇は、本当にいたのですか

本当にいたかどうかは、わかっていません。

日本書紀や古事記によると日本の初代天皇は神武天皇《じんむ》です。

神武天皇は瓊瓊杵尊《ににぎのみこと》のひ孫で、九州の日向の高千穂におられました。

戦前に使われていた小学校の教科書『初等科國史』（復刻版）によると、

天皇は「東の方には、青山をめぐらした、國を治めるのによい土地があるという。都をうつしてわるものをしづめ、大神の御心を國中にひろめよう。」と仰せられ、皇兄五瀬命《こうけいいつせのみこと》たちといろいろご相談の上、陸海の精兵を引きつれて、勇ましく日向をおたちになりました。

とあります。

日向を旅立ち、船でところどころにとまりながら瀬戸内海を進んで大和地方に向かい、畝傍山《うねびやま》のふもとの橿原《かしはら》（現在の奈良県）に都を定めて、第1代の天皇の御位につきました。

この年が、日本の**紀元元年**（西暦では紀元前660年）です。皇紀元年ともいいます。

ちなみに、戦争中に使われた「零戦」という飛行機があります。正式に採用されたのが昭和15年で、これは皇紀2600年にあたるため、下2桁の「00」から名づけられました。

神武天皇が実在したかどうかは不明です。

ご遺体は見つかっておらず、考古学的な証明もされていません。

ただ、いなかったことも証明できていません。

第6代の孝安《こうあん》天皇までは実在しなかったという説もありますし、初めて「天皇」を自称したのは第40代天武《てんむ》天皇だという説もあります。

戦後、古代の天皇に関しては、実在したかどうかやその在位期間について論争が続いています。

わかっているのは、「神武天皇が実在したかどうかはわからない」ということだけです。

わからない以上、実在したかどうかよりも**「神武天皇は最初の天皇として伝えられている」**と、日本人の共通認識としてとらえてはどうでしょう。

イエス・キリストも、ほんとうに3日後に復活したかどうかは科学的に証明できていません。証明のしようもないと思います。

だから、証明するのではなく、「イエス・キリストが原点になっているのがキリスト教であり、西洋の国々です」と位置づけています。

日本でも、実在したかどうかわからない天皇について、同じように位置づける考えがあっていいと思います。

6

「宇宙が神を作った」とする日本の神話と、「神がすべてを作った」とする一神教の世界の違いは何ですか

日本の神話ではいろんな神さまが共存しています。一神教では神さまは一人だけです。

2014年、数名のグループでイスラエルのエルサレムにある「黄金のドーム」に行きました。黄金のドームはイスラム教の聖地です。

中に入るやいなや、私たちの仲間のひとりの女性が美しく手を合わせました。静謐な雰囲気に神々しいものを感じて自然と祈りたくなったのでしょう。

すると、次の瞬間、イスラムの男性が飛んできて、すごい剣幕で怒りだしました。「ノープレイ（祈るな）！　なぜ、今手を合わせたんだ。出ていけ！」彼は怒り続け、イスラム教徒の人たちがどんどん集まってきて、私たちは取り囲まれ、怖い思いをしました。やがて、警官までやってきて、ようやくその場は収まりました。

なぜ、イスラムの男性がそんなに怒ったのか。イスラム教は異教徒を認めないからです。

徹底しています。聖書はもちろん、コーラン以外の本を持って黄金のドームに入ろうものなら、ほぼ確実に押収されます。この信条を曲げることはまずないでしょう。

日本だったらどうでしょう。観光にきた外国人が神社やお寺で手を合わせていたら、ありがたいと思うのではないでしょうか。

どちらがいい、悪いではありません。信仰する宗教によってしきたりが違うのです。

一神教と多神教

世界の宗教は大きく分けると、一神教と多神教の2種類があります。

一神教は「唯一の神だけを信仰する」宗教です。

世界の三大一神教は、ユダヤ教、キリスト教、イスラム教です。3つともつながっています。かんたんに関係を説明します。

ユダヤ教は、ユダヤ人が作りました。紀元前1280年ごろのことです。唯一神ヤハウエを神とし、ユダヤ人だけが神によって救われるとしています。キリスト教で旧約と呼ばれる「聖書」を聖典とします。

キリスト教は、一世紀に起こったユダヤ教の一派です。聖母マリアが生んだイエス・キリストを救世主と信じていますが、呼び方はゴッドで、新約聖書を経典としています。

イスラム教は、ユダヤ教やキリスト教の影響を受けた一神教で、唯一神アッラーを信仰しています。コーランを経典としています。

今、世界に一神教の教徒が32億人以上いるといわれます。

一神教の経典は「神がすべてを作った」と説きます。まずは神ありきです。

残念なことに、共通点はいさかいが終わらないことです。

「自分が信じる神さまが絶対に正しい」と考え、ほかの神さまを信じる人と仲良くできないのです。

一方、多神教はいろんな神さまを信じています。

ユダヤ教、キリスト教、イスラム教の教徒以外の民族は、ほぼ多神教の教徒です。

私たちの国の歴史書である古事記には、いろんな神さまが出てきます。

古事記に出てくる神話には、「神が現れる前に宇宙は存在している」と書いてあります。

「誰が宇宙を作ったのか」はわからないとしているのです。

作った人を特定できないから、誰か一人だけが特別なわけじゃない。

すると、みんなが仲良くできる。

縄文時代の遺跡を見ると、祈りの場所は見つかっていても、争いをした形跡はないといいます。

古代、日本を治めていくときに、大和朝廷は、その土地土地の住民が、土着の神さまを崇めることを禁じませんでした。

日本には、**「八百万《やおよろず》の神」**という言い方があります。

多くの神さまという意味です。日本古来の神道では、山や海や川などの自然を神格化して多くの神さまを崇め奉ってきました。

多くの神さまがいるのが当たり前ですから、仏教の仏もキリスト教の神も、八百万の神の仲間としてとらえています。

一神教の人も多神教の人も、みんな兄弟だから、ひとつになりたい、と私は日本人として思いますが、それをほかの国の人に押し付けるのはフェアではありません。

どのような信仰を持っていたとしても、それぞれが、自分の中に平和の気持ちをもつ。

そうすれば、争いはなくなるのではないでしょうか。

7

「うしはく」「しらす」という言葉を聞いたのですが、どういう意味ですか

「うしはく」は武力や権力で支配すること。「しらす」は、「知る」の丁寧語で、愛や徳をもって治めることです。

「古事記」には、日本建国の物語が記されています。

28ページでお話ししたエピソード（天孫降臨《てんそんこうりん》）は神話のクライマックスですが、その前に、**「出雲の国譲り」**というエピソードが記されています。

天照大御神《あまてらすおおみかみ》は、

「葦原中《あしはらのなか》つ国《くに》（注・日本のこと）は、我が子、天忍穂耳命《あめのおしほみみのみこと》が知らすべき国だ」

と仰せになって、天降《あまくだ》りさせました。天忍穂耳命は天の浮橋にお立ちになると、

「葦原中つ国は、ひどく騒がしい」

と仰せになり、再び帰り、天照大御神にそのようにご報告されたのです。

天照大御神が、天の意に沿うような国を造ろうとしたら、すでに出雲を中心に国ができており、大国主神《おおくにぬしのかみ》が治めていました。

そこで、天《あま》つ神《かみ》（天照大御神などがいる高天原の神）を地上に送りこみますが、2度に

わたって失敗します。

国譲りはそれほどまでに困難なものでした。

ついに天上界から建御雷神《たけみかづちのかみ》と天鳥船神《あめのとりふねのかみ》がつかわせられました。

建御雷神は、国をおさめていた大国主神に、

「我々は、天照大御神と高御産巣日神の命によって、汝に問うために遣わされた。
汝がうしはける葦原中つ国は、我が御子の知らす国と任命された。
汝の考えはいかがなものか」
と尋ねました。（意訳）

ここで、**「うしはく」**と**「しらす」**という言葉が出てきます。

「うしはく」とは、武力や権力で支配すること。
「しらす」とは、「知る」の丁寧語で、愛や徳をもって治めることです。

つまり、「武力や権力で治めているあなたの国を、天照大御神の子孫が愛や徳で治めましょう」と尋ねたのです。

やがて大国主神（「国《くに》つ神《かみ》」ともいいます。土着の神）は、天《あま》つ神《かみ》に国譲りをしますが、条件つきでした。

「ご命令に従い国譲りをいたしましょう。ただ、天つ神御子が天津日継（皇位）をお受けになる光り輝く宮殿のように、地盤に届くほどに宮柱を深く掘り立て、高天原に届くほどに千木を高く立てた壮大な宮殿に私が住んで、祭られることをお許しください。ならば、私は出雲にとどまることにしましょう」（意訳）

つまり、

「国つ神の信仰は認めてもらいたい。天つ神の宮よりも高い神殿を建ててください」

という条件です。

天照大御神は、この大国主神の条件を受け入れます。

そして、大国主神は出雲国の海岸近くに立派な神殿を建てました。それが出雲大社です。

その後、葦原中つ国は平定《へいてい》（安らかになること）されました。

かつて、征服者が、支配する国に自らの価値観を押し付けなかったことがあったでしょうか。

多くの場合、宗教は捨てさせ、自分たちの神を拝むことを強制しました。
拒むことなど許されるはずもなく、従わなければ生きることができませんでした。
それが、**「うしはく」**世界です。

私たちの先祖が作った神話の世界には、宗教戦争が出てきません。
「しらす」世界は、話し合いながら、平和に世の中を治めていきました。

そもそも「国を譲る」という言葉も、美しいと思います。
歴史において、他国を支配したり、占領したりする国々はありますが、「国譲り」をする国は、聞いたことがありません。

8

仁徳《にんとく》天皇の「民のかまど」という話があると聞いたのですが、どんな話ですか

日本書紀に出ている物語です。仁徳《にんとく》天皇が国民の窮乏を知り、みずからも倹約して苦労を共にし、労役や租税を免除して国民を豊かにしたお話です。

第16代仁徳《にんとく》天皇は、天皇陵造営の労役や国内の平定、朝鮮遠征などの出費で国民が貧しくなっていると心配しました。宮殿の高台から四方を見渡してみると、朝食の時間だというのに、ご飯を炊く煙が上がっていません。

「民は、食事を作ることもできないのか」

と嘆いた天皇は、3年間税金を免除すると命令を出しました。天皇は祈るとともに自らも質素に暮らしました。宮殿は荒れて雨漏りするありさまでした。

3年後、高台に出ると、煙が上がっていました。傍らの皇后さまに申されました。

「民が豊かになるのが、私が豊かになることだ」

皇后は、

「宮殿の屋根も破れ、ふすまは雨に濡れ、食べ物も乏しいのに豊かなのですか」

と不満げに問います。

天皇はこれに対して、

「民に食するものがあれば、私は豊かな気持ちになる。大神がおられて、民がある。民が飢え、不幸になることのないように、大神に祈るのが私の使命である」

とお答えになったそうです。

その後、国民の代表が宮殿を訪問し、

「国民は豊かになりました。でも、宮殿は建物が荒れ、倉にはほとんど何もありません」

と課税を申し出ました。しかし、天皇はさらに租税の免除を3年延長しました。

6年経って、ようやく税を課すことと宮殿の修理を承認されました。

国民は競うようにして、宮殿の修理に駆け付けたといいます。


これは、神話であり事実ではない、という説もあります。いずれにしても、自分のことよりも相手を思うお気持ちがよくあらわれているお話だと思いませんか。

仁徳天皇陵は世界最大の古墳

大阪の堺市堺区大仙町《だいせんちょう》にある仁徳天皇陵は、全長486メートルで世界最大の古墳です。

クフ王のピラミッドが、230メートルで、秦の始皇帝陵が350メートルですから、その偉大さがわかります。

重機もない時代に、人力だけで試算すると、毎日2000人が働いて、約16年かかるという大林組のデータがあります。加えて、埴輪《はにわ》を製作する労力があります。仁徳天皇陵には3万本もの埴輪が置かれたといわれます。これだけの巨大な古墳をつくる意味を考えさせられます。

私は2017年10月に、この仁徳天皇陵に行きました。

広大な天皇陵を前に、天皇のお墓をつくった人々の愛が伝わってきました。大好きな天皇のことをいつまでも忘れずにいようという民の心です。これは私が感じたことです。

仁徳天皇陵はいま、教科書では「大仙古墳」と書かれ、仁徳天皇陵と補足されています。考古学の研究者たちから、「仁徳天皇が埋葬されているか確認されていないので、通常の遺跡と同じように、地名に由来する名前をつけたほうがいい」という意見があったからです。

みなさんはどちらの名前がいいと感じますか。

第2章　江戸、明治、大正、昭和の時代

9

江戸時代に、なぜ鎖国をしたのですか

日本を諸外国の侵略から守るためです。

江戸時代はキリスト教の布教が進みました。

しかし、キリスト教は、江戸幕府の政策とは合いませんでした。

キリスト教の考え方の人が増えると、江戸幕府の統治を守れなくなる恐れがありました。

そのために鎖国をしました。


といっても、国を完全に閉ざしたわけではありません。

オランダだけとは交易をしていました。

オランダは純粋に貿易をするために来航していたのに対し、ほかの国は侵略の目的もあったからです。

長崎を窓口とし、オランダを経由して、ヨーロッパの情報を取っていました。

ヨーロッパの情報を取りながら日本を守っていたのです。


鎖国をしたために日本は世界から遅れた。

のちに黒船がやってきたとき、西洋の進んだ文明に対し、日本の遅れた文明は歯が立たなかった。

そう感じている人もいるかもしれません。

でも、それは違います。

「文明の質」が異なっていたのです。

もし、日本の文明が劣っていたとしたら、江戸時代に江戸が世界でもっとも大きな都市になることはなかったでしょう。

当時、１００万の人口を養った国や町は世界のどこにもありませんでした。

江戸は、インフラ整備も整い衛生的でした。

外国では、衛生状態が悪く、ペストが一気にまん延することもありましたが、日本ではありませんでした。

排泄物も垂れ流すのではなく、分けておき、野菜作りに使いました。

治安も良い時代でした。和をもって争わず、道徳心も高かったことによります。

日本には寺子屋という庶民の学校があり、武士の子はもちろん、町人や農民の子どもたちが学んでいました。

そのため識字率は世界でも有数の高さだったといわれています。

鎖国をしていたという事実に関して「だから他国より劣っていた」と解釈する必要はないと考えます。

10

鎖国をしていたとき、なぜ外国は日本に攻めてこなかったのですか

日本が強かったからです。

鎖国をしていた時代、日本を植民地にしようとした国々は、日本に対して手が出せませんでした。

日本が強かったからです。

たとえば、ポルトガルが日本に鉄砲を持ってきました。

ポルトガル人が鉄砲を見せると、どこの国の人も驚いて「ああ、怖い」と言ったのに、日本は違いました。興味深く見て、研究し、いいものなら真似して作ります。

実際、織田信長が、国内の鍛冶屋に鉄砲を持って行って「これを作ってくれ」と依頼すると、鍛冶屋は本当に作ってしまいました。しかも、より性能の良いものを、です。

ポルトガル人に見せるとびっくりします。「こんなものを作ったのか」と。

どうしてもわからないところがあれば、海外へ行かせて学ばせていました。

日本人は、研究熱心です。そういう力を持ち、軍隊も強かったので、外国は手を出せませんでした。

また、天皇が中心にあったことも大きいです。心が強いのです。

第38代**天智《てんち》天皇**（在位：６６８年～６７２年）の時代に「公民」という言葉が使われるようになりました。「すべての人民は天皇の子どもである」という考え方です。

公民という考え方が共通認識としてあるため、戦国武将にとって自分の領土にいる人は、「天皇の子どもを預かっている」という認識でした。

だから、もし、自分の城が壊れていたとしても、川が決壊して困っている人民がいたら土手を先に直します。


かつて、津波が押し寄せてきたときに、高台に住んでいる庄屋さんが自分の畑を全部焼いたことがありました。

「庄屋さんの畑が燃えて、大変だ」と人々が集まってきた。そこに来た人たちは、流されずに済みました。


日本は、誰かが攻めてきたら、断固として守ろうとする強さがあります。

11

「五箇条の御誓文《ごせいもん》」とは、何ですか

明治政府ができたときに作った、日本の行動指針です。

会社を作る時には、**経営理念**と**行動指針**を作ります。国でも同じです。

明治政府ができたときの経営理念は、「文明開化」と「日本の建国の理念に立ち返ること」。そして行動指針が、「五箇条の御誓文」です。

内容は次の五箇条です。（かなの表記を変えています）

「広く会議を興し万機公論に決すべし」
「上下心を一にして盛に経綸を行うべし」
「官武一途庶民に至る迄各其志をとげ人心をしてうまざらしめん事を要す」
「旧来の陋習を破り天地の公道に基づくべし」
「知識を世界に求め大に皇基を振起こすべし」

広く会議を興し万機公論に決すべし

よみ：ひろくかいぎをおこし、ばんきこうろんに、けっすべし

「これからは、みんなで話し合って会議でものごとを決める民主主義で行くのだよ」と言っています。江戸時代の幕藩体制が終わって、新しい政府になって、天皇陛下がすぐに民主主義を仰っています。

大日本帝国憲法（「明治憲法」ともいいます）が公布されるのは、明治22年（１８８９年）です。それより22年も前に「みんなで話し合って決めよう」と言っています。「相談してものごとを決める」のは、もともと日本に根付いている考え方なのです。

上下心を一にして盛に経綸を行うべし

よみ：じょうかこころをいつにして、さかんにけいりんをおこなうべし

「身分制度は一切なく、みんながそれぞれ切磋琢磨をして、心をひとつにして国を治めましょう」と言っています。

官武一途庶民に至る迄各其志をとげ人心をしてうまざらしめん事を要す

よみ：かんぶいつとしょみんにいたるまで、おのおのそのこころざしをとげ、じんしんをしてうまざらしめんことをようす

「文官や武官はいうまでもなく一般の国民も、諦めずに、絶えず自分の目標を達成してくれよ」という意味です。偉い人であろうと、位の低いものであろうと、あなたが立てたその志がすごい。それぞれの志に基づいて、その志を達成することが人間にとって一番尊いことなのだから、自分の怠け心の中で折れるんじゃない、と諭《さと》してくださっています。

旧来の陋習を破り天地の公道に基づくべし

よみ：きゅうらいのろうしゅうをやぶり、てんちのこうどうにもとづくべし

「悪い習慣はすてて道理に基づいて行動しましょう」ということです。

今までのあり方ではなくて、どんどん向上しなさい、とおっしゃっています。

知識を世界に求め大に皇基を振起すべし

よみ：ちしきをせかいにもとめ、おおいにこうきをしんきすべし

「知識を世界に求めて、天皇を中心とする麗しい国柄や伝統を大切にして、大いに国を発展させましょう」ということです。

「皇基《こうき》」は日本の国のあり方のことです。魚に水は見えないように、日本にいるだけでは日本が見えないから、しっかり世界からも学びましょう、ということです。

そして、五箇条の御誓文の後には、「勅語」として次のように書かれています。

我國未曾有の変革を爲んとし朕躬を以て衆に先んじ天地神明に誓い大に斯國是を定め萬民保全の道を立んとす衆亦此旨趣に基き協心努力せよ

よみ：わがくにみぞうのへんかくをなさんとしちんみをもってしゅうにさきんじてんちしんめいにちかいおおいにこのこくぜをさだめばんみんほぜんのみちをたてんとすしゅうまたこのししゅにもとづききょうしんどりょくせよ

「これからわが国は、今だかつてない大変な変革を行うことになります。私はみずから天地の神々や祖先に誓って、重大な決意のもとに国政に関するこの基本方針を決めました。国民の生活を安定させる大道を確立しようとしています。みなさんも、この趣旨に基づいて心を合わせて努力してください」

これは日本の国が世界に通用し国民が幸せになるための、行動指針と言えます。自分が実践して行動してみせるから、みんな努力をしてそれを見習ってもらいたい、と社長が言っているようなものです。

五箇条の御誓文は、**明治天皇**が発布されていますが、草案は最初、慶応4年（1868

年）に福井藩の由利公正《ゆりきみまさ》が考えた「議事之体大意《ぎじのていたいい》」でした。その後、土佐藩の福岡孝弟《ふくおかたかちか》や木戸孝允《きどたかよし》が修正しました。

坂本龍馬《さかもとりょうま》が慶応3年（1867年）に土佐藩の船で上京する船中、藩士の後藤象二郎《ごとうしょうじろう》に示した新しい国家体制の要項「船中八策《せんちゅうはっさく》」が、五箇条の御誓文に影響を与えた、という説もあります。

現代では、五箇条の御誓文にせよ、教育勅語にせよ、とにかく「戦前の古いものはすべて悪い」という意見もあります。

私はひとつひとつを自分で調べて、「いいな」と思う考え方を自分の中に取り入れてきました。それによって、人生に光が当たってきた気がします。

たとえば、五箇条のご誓文の考え方を見ていくと、戦前の日本人のおおらかさが自分の中にもよみがえります。

すると、心が豊かになりました。

日本には古くから、すべてはお天道《てんとう》さま（「太陽」「天の神さま」を指します）が見ている、という考え方があります。

これが身につくと、誰も見ていなくても、「お天道さまが見ている。お天道さまに恥ずかしくない生き方をしよう」という考えのもと、ごく自然な行動ができます。誰も見ていないけれども、ごみを拾おう。誰も見ていないけれども、困っている人を助けよう。そんな行動ができるのです。

「宿題をやらないと怒られるからやる」「宿題をやれば、ほめられるからやる」といった、賞罰のために何かをやるという考え方は、そもそも日本にはなじまない考え方です。

日本古来の「お天道さまが見ている」という考え方は、どんな宗教の教えよりも、尊い教えです。

私も、こうした考えが身につくことで、心が穏やかになり、波立つことも少なくなりました。

人に何かされても、あの人にも何か事情があるのだろうなと思えるようになりました。

心穏やかにしていると、人は平和に生きられます。

穏やかな心をみんなが持てば、もっと平和な世の中になると思います。

【参考】

実際の五箇条の御誓文は、次のように書かれています。

御誓文（明治元年三月十四日）

一　廣ク會議ヲ興シ萬機公論ニ決スヘシ

一　上下心ヲ一ニシテ盛ニ經綸ヲ行フヘシ

一　官武一途庶民ニ至ル迄各其志ヲ遂ケ人心ヲシテ倦マサラシメン事ヲ要ス

一　舊來ノ陋習ヲ破リ天地ノ公道ニ基クヘシ

一　智識ヲ世界ニ求メ大ニ皇基ヲ振起スヘシ

12

「教育勅語」とは、何ですか

明治23年（1890年）に日本の教育の基本方針として、明治天皇から国民に発せられた言葉です。

教育勅語は、西洋化が進む中、日本人の心を教えるために作られました。

まず、時代背景からお話しします。


江戸時代から明治時代への移行は、日本にとって大きな時代の転換期となりました。

江戸時代までは将軍が日本を支配して、武家が政権を握っていましたが、明治時代からは天皇が新しく政権をとる時代になりました。

外国では、国がひっくり返る時には、王様が倒されて、君主が存在しない共和国ができます。

けれども、日本は「王政復古」を選びました。

再び天皇に復活してもらって「天皇の国」に戻すことになったのです。

明治天皇は14歳で即位し、その3年後に元号が明治となり、わずか17歳という若さで日本を背負うことになりました。

明治時代はじめの、政治的、社会的な大きな変革を明治維新といいます。

明治維新には２つの柱がありました。

１つは**文明開化**。西洋の考えを取り入れて、西洋に追いつこうというもの。西洋に負けないように富国強兵を目標にして、教育や兵制、税制を改革し、殖産産業に力をいれました。世界に通用する国になろうとしたのです。

もう１つは、日本の最初の建国の理念に立ち返ること。その理念とは**「八紘一宇《はっこういちう》」**です。「すべての人たちが、同じ屋根の下の家族のように仲良く暮らしていける国にしよう」という考え方です。


こうして明治時代が始まったのですが、西洋との交流が多くなり歪みも出てきました。たとえば、「自分だけが出世したり、お金もちになって、幸せになればいい」といった西洋の個人主義の考えが入ってきました。周りのことを気遣いせずに、自分のためだけに行動する人が増えたのです。

また、西洋はすべて良くて日本の過去のものはすべて悪い、日本語はダメで英語が素晴らしい、という考えも浸透してきました。中には、日本人の遺伝子はよくないから、日本の女性は外国人と結婚したほうがいい、という人まで現れました。

「人が幸せになる方法」が12の徳目として書かれている

そんな世の中になっていたときに、明治天皇は、自分が治める国民のことを知ろうと全国に巡幸され、視察をされました。

あちこちの学校を視察する中で、道徳の授業がないことに気づきます。天皇陛下に対するスピーチを英語でする子どもがいる小学校もありました。

修身や道徳の授業をやっていると西洋に遅れる。それよりも英語や経済、政治、民主主義や世界の情勢についての勉強が求められていました。

この状況をご覧になり、明治天皇は「日本は今精神から崩れようとしている。日本人としての心が失われようとしている。このままでは国は亡びる」とお見抜きになりました。

そこで、日本中の都道府県の地方長官（現在の都道府県知事）を東京に集め、

「どうか日本を再びつつやかで美しい国にしてほしい。日本人の心を取り戻すために、どうかお前たち、日本の教育をどうすればいいか、話し合っていい解決策を見つけてくれ」

と命じました。

一週間、缶詰になって話し合ったあと、代表者が明治天皇のところに来て言いました。

「陛下、もはや手遅れで私たちには手の打ちようがありません」

陛下は、非常に落胆されて、

「道はないのか」

と申されました。

「1つだけ道があります。陛下に対して本当に申し訳ございませんが、どうか天皇陛下自らが国民に語っていただけませんでしょうか。陛下が語ってくだされば国民はきっと聞くと思います」

「わかった。では、そのための文言を用意せよ」

こうして、勅語（天皇陛下から直接国民に向けた言葉）を作ることになり、できあがったのが教育勅語です。

日本人の心を取り戻すのみならず、どんな時代でも人が幸せになる方法が12の徳目としてまとめられ、天皇が国民にお願いをする形で315文字で書かれました。

【教育勅語全文】

朕《ちん》惟フニ《おもうに》我カ《わが》皇祖皇宗《こうそこうそう》國ヲ《くにを》肇ムル《はじむる》コト《こと》宏遠ニ《こうえんに》徳ヲ《とくを》樹ツル《たつる》コト《こと》深厚ナリ《しんこうなり》我カ《わが》臣民《しんみん》克ク《よく》忠《ちゅう》ニ克ク《によく》孝ニ《こうに》億兆《おくちょう》心ヲ《こころを》一ニシテ《いつにして》世世《よよ》厥ノ《その》美ヲ《びを》濟セルハ《なせるは》此レ《これ》我カ《わが》國體ノ《こくたいの》精華ニシテ《せいかにして》教育ノ《きょういくの》淵源《えんげん》亦《また》實ニ《じつに》此ニ《ここに》存ス《そんす》爾《なんじ》臣民《しんみん》父母ニ《ふぼに》孝ニ《こうに》兄弟ニ《けいていに》友ニ《ゆうに》夫婦《ふうふ》相和シ《あいわし》朋友《ほうゆう》相信シ《あいしんじ》恭儉《きょうけん》己レヲ《おのれを》持シ《じし》博愛《はくあい》衆ニ《しゅうに》及ホシ《およぼし》學ヲ《がくを》修メ《おさめ》業ヲ《ぎょうを》習ヒ《ならい》以テ《もって》智能ヲ《ちのうを》啓發シ《けいはつし》徳器ヲ《とくきを》成就シ《じょうじゅし》進テ《すすんで》公益ヲ《こうえきを》廣メ《ひろめ》世務《せいむ》ヲ《を》開キ《ひらき》常ニ《つねに》國憲ヲ《こくけんを》重シ《おもんじ》國法ニ《こくほうに》遵ヒ《したがい》一旦《いったん》緩急《かんきゅう》アレハ《あれば》義勇《ぎゆう》公ニ《こうに》奉シ《ほうじ》以テ《もって》天壌無窮ノ《てんじょうむきゅうの》皇運《こううん》ヲ《を》扶翼ス《ふよくす》ヘシ《べし》是ノ如キハ《かくのごときは》獨リ《ひとり》朕カ《ちんが》忠良ノ《ちゅうりょうの》臣民タル《しんみんたる》ノミナラス《のみならず》又以テ《またもって》爾《なんじ》祖先ノ《そせんの》遺風ヲ《いふうを》顯《けん》彰スルニ《しょうするに》足ラン《たらん》

斯ノ道ハ《このみちは》實ニ《じつに》我カ《わが》皇祖皇宗ノ《こうそこうそうの》遺訓ニシテ《いくんにして》子孫臣民ノ《しそんしんみんの》倶ニ《ともに》遵守ス《じゅんしゅす》ヘキ《べき》所《ところ》之ヲ《これを》古今ニ《ここんに》通シ《つうじ》テ《て》謬ラス《あやまらず》之ヲ《これを》中外ニ《ちゅうがいに》施シテ《ほどこして》悖ラス《もとらず》朕《ちん》爾《なんじ》臣民ト《しんみんと》倶ニ《ともに》拳拳服膺シテ《けんけんふくようして》咸《みな》其徳ヲ《そのとくを》一ニセン《いつにせん》コト《こと》ヲ《を》庶幾フ《こいねがう》

明治二十三年十月三十日
御名御璽《ぎょめいぎょじ》」

【教育勅語の現代語訳】

私は、私達の祖先が、遠大な理想のもとに、道義国家の実現をめざして、日本の国をおはじめになったものと信じます。そして、国民は忠孝両全の道を全うして、全国民が心を合わせて努力した結果、今日に至るまで、見事な成果をあげて参りましたことは、もとより日本のすぐれた国柄の賜物といわねばなりませんが、私は教育の根本もまた、道義立国の達成にあると信じます。

国民の皆さんは、子は親に孝養を尽くし、兄弟・姉妹は互いに力を合わせて助け合い、夫婦は仲睦まじく解け合い、友人は胸襟を開いて信じ合い、そして自分の言動を慎み、全ての人々に愛の手を差し伸べ、学問を怠らず、職業に専念し、知識を養い、人格を磨き、さらに進んで、社会公共のために貢献し、また、法律や、秩序を守ることは勿論のこと、非常事態の発生の場合は、真心を捧げて、国の平和と安全に奉仕しなければなりません。そして、これらのことは、善良な国民としての当然の努めであるばかりでなく、また、私達の祖先が、今日まで身をもって示し残された伝統的美風を、さらにいっそう明らかにすることでもあります。

このような国民の歩むべき道は、祖先の教訓として、私達子孫の守らなければならないところであると共に、この教えは、昔も今も変わらぬ正しい道であり、また日本ばかりでなく、外国で行っても、間違いのない道でありますから、私もまた国民の皆さんと共に、祖父の教えを胸に抱いて、立派な日本人となるように、心から念願するものであります。

（出典　明治神宮Ｗｅｂサイト https://www.meijijingu.or.jp/）

【教育勅語の12のポイント】

1「孝行」　親孝行をしましょう。
2「友愛」　兄弟、姉妹は仲良くしましょう。
3「夫婦の和」　夫婦は仲良くしましょう。
4「朋友の信」　友達は互いに信じあって付き合いましょう。
5「謙遜」　言動を慎みましょう。
6「博愛」　広く、すべての人に愛の手を差し伸べましょう。
7「修学習業」　勉学に励み、手に職をつけましょう。
8「智能啓発」　智徳を養い、自分の才能を伸ばすことに努めましょう。
9「徳器成就」　人格の向上に努めましょう。
10「公益世務」　世の人々や社会のためになる仕事に励みましょう。
11「遵法」　法律や規則を守り、社会の秩序を守りましょう。
12「義勇」　正しい勇気をもって、国のために真心を尽くしましょう。

13

教育勅語は、なぜ、なくなったのですか

「教育勅語が日本人を強くした」と考えられたからです。

教育勅語は、法律ではなくて、天皇陛下から国民に対する言葉であり、お願いです。法律で決めたものではありませんから、本来誰も止めたり、廃止したりすることはできません。

天皇陛下が国民に語ったということは、親が子どもに対して「これを聞いてくれるか、お願いだ」と語るのと同じです。

明治時代の人たちは、教育勅語を聞いて「自分たちはここに立ち返ろう」として、日本の国が本来の姿に戻ってきました。

その8年後、日本はロシアと戦うことになり、勝利しました。

日本の国の柱がしっかりと立ち上がっていたので、日本人は強くなり、利他に生きる民族として、ひとつになって日本を守ることができたのです。

教育勅語によって日本が救われた側面があります。

教育勅語は、日本人の強い魂をよみがえらせました。

その魂の強さを見抜いたのが、戦後日本にやってきた連合軍でした。

だから、教育勅語を取り除けと命じました。

日本人から日本人の魂を抜くために、戦後まもなく、何の議論もなされないまま教育勅語は廃止になりました。

教育勅語を教育に使ったら日本はだめになる、人間はだめになる、と一方的に言われてしまったのです。

現代の日本でも「教育勅語によって国が戦争に向かっていった」という人もいます。

私はそれぞれが自分で教育勅語の内容をちゃんと見て、検証し、良いものか悪いものか考えた方がいいと思っています。

私は何度も読みましたが、その内容はどう考えても人が幸せになる方法としか思えません。**「親を大事にしよう」「夫婦は仲良くしよう」**と書いてあります。

たとえば儒教の考え方であれば、「妻は夫に従え」となりますが、教育勅語では「夫婦相和し」と言っている。明治時代の日本は世界で先駆けて男女同権を言っているのです。

前項で掲載した教育勅語の全文をぜひ、ご一読ください。何を感じますか？

14

西洋諸国の植民地政策と日本の植民地政策の違いは、何ですか

西洋諸国は「うしはく」統治で、日本は「しらす」統治でした。

18〜20世紀にかけて、世界では強い国が弱い国を支配する植民地政策があちこちで行われました。アジアで植民地になっていない国は日本とタイだけです。

タイは植民地になっていないといっても、周りから圧力があって植民地にされていなかった経緯があります。そのタイと日本以外、世界のすべての有色人種は支配されました。その支配の仕方は、まさに**「うしはく」**国の力による搾取でした。

たとえば70の植民地を持っていたイギリスは植民地から搾取し、自分の国を豊かにすることを考えました。インドで現地の方に聞いたのですが、イギリスにランカシャーという紡績の町があり、インドから安い織物が入ってくるとそこが成り立たなくなる。「インド人に織物をつくるのをやめさせろ」と、インド人の両方の手を切り落としたそうです。何万ものもみじの葉のような手が海岸やガンジス川に流れていたそうです。

日本は他の国を統治するときは、インフラを整えていきました。日本の統治は**「しらす」**国の方式です。

というのも、日本には古くから「国民は天皇の子ども」という考え方があり、戦国大名も領民は、「天皇の子どもを預かっている」という発想がどこかにありました。海外に行っても同じ考え方で統治します。知ることで愛をもって接します。ですから、日本の国に掛けるのと同じくらいお金をかけました。

たとえば台湾では、道路を作り、水を引き、電気を敷きました。台湾の烏山頭ダムは、日本統治時代に、日本人技術者の八田與一《はったよいち》が監督をして造りました。そこに流れてくる農業用水は全部合わせると万里の長城より長くなります。台湾が豊かな国になることを考えていました。

第一次世界大戦後に日本の統治下になったパラオでも同様です。

パラオに行くと驚くと思いますが、パラオの人たちは日本語をたくさん話しています。私がパラオで最初に乗ったタクシーの運転手は、「海一《かいいち》」という名前でした。「どうして、そういう名前になったの?」と聞くと、「祖母がつけてくれたんだ。日本の海軍みたいに一番強い男になれるようにと」と話してくれました。私は思いました。「僕らの先輩の日本の軍人たちは、ここで決してひどいことをしたんじゃないな」と。

パラオは第二次大戦後、50年ほど、アメリカの統治下になり、彼らはアメリカの生活を強いられました。でも、彼らは、お昼ご飯を「ランチ」と言わずに「ベントウ」と言い、トイレは、「レストルーム」ではなく、「ベンジョ」と言います。ブラジャーのことは、「チチバンド」といいます。ビールを飲むは、「ツカレナオス」と言います（笑）。

パラオの人たちがそうやって日本語を使ってくれているのを見ると、私は嬉しいです。日本が戦争で何か悪いことをしたとすれば、日本を憎んで、絶対そんな風に日本語を使わないでしょう。

パラオの国旗は、四角に丸が描かれています。太平洋に浮かぶ満月みたいな国になりたいという思いが込められています。

満月はいろんな命を育みます。カニや海ガメ、珊瑚は、満月の日の産卵が多いことが知られています。満月には不思議な力が宿っているんです。だから、国旗を満月にしていますが、この満月の丸が、少しだけ左にずれています。

満月は太陽の光を受けて輝きます。パラオの人たちは「私たちの太陽は日本。日本の太陽の光を受けて輝く国になりたい。日本の国旗に失礼がないように丸は、少しずらそう」と考えたそうです（注・パラオ国旗のデザインの由来については諸説あります）。

こうした統治をしてきた日本の国に生きていることを、私は、とても誇りに思います。

15

南京大虐殺は、本当にあったのですか

諸説あります。

「南京大虐殺」という歴史的な事件があった、といわれています。昭和12年（1937年）7月日中戦争が始まります。その5カ月後の12月13日に旧日本軍が中華民国国民政府のかつての首都南京を制圧し、捕虜や一般市民を殺害するなどしたというのです。中国側は犠牲者数を「30万人」と主張しています。日本側のある研究者はもっと少ないとしていますし、そもそも南京大虐殺はなかったという意見もあります。何が正しいかは、自分で調べたり、自分が信頼している人に聞いてみて判断する必要があります。

私は、南京に住んでいた方から直接話を聞いて、「南京大虐殺」はなかったのかもしれない、と思っています。でも、この意見が正しいとは限りません。

正しいことを学ぶには、「本当のことを知りたい」という強い意思を持つ必要があります。そして、**何が正しいのかを自分の力で見極める**。自分で考えなければ、いつまでたっても誰かの意見に流されてしまいます。「自分は日本に生まれた。だから国についてもっと知りたい」と本気で思わないと、誰かの言った意見に左右されてしまいます。

不思議ですが、本当に知りたいと思うと、必ず答えは向こうからやってきます。

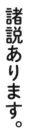

16

第二次世界大戦中に立派な行いをした日本人は、いませんか

パラオ・ペリリュー島の守備隊長だった中川州男《なかがわくにお》陸軍中将や、「東洋のシンドラー」と呼ばれた外交官の杉原千畝《すぎはらちうね》が有名です。

戦争中、悪いことをした日本人はたしかにいました。

でも、立派な行いをした人もいます。

ここでは、戦争中に尊い行いをした日本人のお話をします。

激戦が始まる前に現地の島民たちを避難させた中川大佐

中川州男《なかがわくにお》大佐は、パラオのペリリュー島の守備隊長でした。

パラオは第一次世界大戦のあと、ドイツの植民地支配を脱して日本の委任統治領になっていました。昭和16年（１９４１年）に第二次世界大戦が始まると、パラオは、日本にとって太平洋防衛圏上の重要な拠点となりました。

ペリリュー島には日本が作った2本の滑走路がありました。アメリカはフィリピン奪還の足場に好都合なこの島に狙いをつけました。

中川大佐率いる守備隊は、日清、日露戦争でも名高き水戸歩兵第二連隊を中心にした1万1000人。対するアメリカは太平洋艦隊の最強部隊第一海兵師団ほか4万8000人でした。米軍は「激しい戦いになるだろうが、多分我々は3日で終える。2日間だけかもしれない」と言っていたそうです。

中川大佐は、激しい戦闘が始まる前に、ペリリュー島の約800名の島民と約160名の在留邦人を他の島へ疎開する指示を出しました。戦いに巻き込まれないように配慮したのです。早坂隆さんが書いた『ペリリュー玉砕　南洋のサムライ・中川州男の戦い』には「日本人のおかげで命拾いした」という島民の証言がいくつもあります。

「一緒に戦いたい」と申し出る島民に対しては、かたくなに拒否したそうです。


昭和19年（1944年）9月15日に、米軍がペリリュー島に上陸。日本軍は、一斉に米海兵師団を狙い撃ちし、米軍は5000人の死傷者を数えました。

その後、戦いは激しさを増しました。

米軍が打ち込んだ爆弾は17万発、日本軍の艦隊も航空機も壊滅状態です。軍艦、輸送船約50隻が珊瑚の海に沈んでいきました。制空権も制海権ももはや日本軍にはありませんでした。食料も救援物資も武器弾薬も補給は一切ないのです。そのような中、日本の守備隊は塹壕に潜み、71日間を戦い抜きました。弾も尽き果てた11月24日、中川大佐は司令部壕の中で自決し、戦いは幕を下ろしました。

中川大佐は死後、二階級特進し陸軍中将となりました。

（注・第二次大戦中の陸軍の階級は高い順に並べると次のようになっていました。大将・中将・少将・大佐・中佐・少佐・大尉・中尉・少尉・准尉・曹長・軍曹・伍長・兵長・上等兵・一等兵・二等兵）

ビザの発給で数千人のユダヤ人の命を救った杉原千畝

杉原千畝《すぎはらちうね》は、「東洋のシンドラー」とも呼ばれた外交官です。

杉原は、第二次世界大戦中、日本領事館領事代理としてリトアニアのカウナスという都市に赴任していました。当時は、ナチス・ドイツによってユダヤ人の迫害が行われていました。ナチスの目を盗んで逃げてきたユダヤ人たちは、ヨーロッパから逃れようと、リトアニアの日本領事館に、日本への通過ビザを求めて連日押しかけてきました。

通過ビザがあれば、日本を経由して、ほかの国へ逃げることができたのです。

日本の外務省にビザの発給をしてもいいかたずねると、

「発給要件を満たさぬ者へのビザ発給はならぬ」という命令が返ってきました。

杉原は、ナチス・ドイツから逃れるためにビザを求める人を「人道上、拒否できない」とし、本省の命令に背いて、命の危機が迫るユダヤ人に対し条件をつけずに、ビザを発給すると決めました。そして、昭和15年（１９４０年）７月からユダヤ難民への日本通過ビザの大量発給を始めました。カウナス領事館が閉鎖され、自分が出国するまでの約１カ月の間、ビザを発給し続け、その数は２１３９通にのぼりました。ビザは１家族に１枚でしたから、このビザの発給によって、何千人ものユダヤ難民の命を助けたことになります。

こうして、戦争中に尊い行いをした人たちを見ると、「日本が大東亜戦争で悪いことばかりをした」とは言い切れないことがわかります。

過去に日本の総理大臣は戦争について、幾度となく謝罪してきました。

そうした姿を見ると、「日本は悪いことをしたのだ」と思ってしまうかもしれません。

でも、日本の全員が悪いことをしたのかどうかは、調べないとわかりません。

悪いのは戦争。これはたしかです。

戦争を「過去のことだから関係ない」と思うのではなく、**何があったのか、自分で調べてみる、あるいはだれかに聞いてみる。**そして、二度と戦争を起こさないことがとても大切です。

私は、かつての激戦地、ペリリュー島に行ったことがあります。日本軍が掘った塹壕の中に入ってみると、真っ暗闇の中、懐中電灯の灯りに照らされた先には、ついいましがたまで日本の兵士たちがいたかのように食器や空缶がころがっていました。

アウシュビッツのユダヤ人強制収容所にも行きました。何が行われていたのか、説明をみるまでもなく、ガス室に入ればわかりました。現場が教えてくれます。来る日も来る日も数千名のユダヤ人が殺され焼かれた現場です。

実際にその場に行くと、戦争の悲惨な様子を肌で感じます。

外国に行くのは難しくても、日本国内でも戦争の傷跡が残されている場所はあります。足の裏で歴史を感じることが大切です。

17

日本では、どうして祖国を誇りに思う教育を学校でできないのですか

宗教的なことを学校で教えてはいけない、という決まりがあるからです。

祖国を誇りに思う教育は、世界共通のテーマです。

どこの国の人も、自分が生まれた国を大事にし、誇りたいと考えます。

それには、どこの国であれ、そのなりたちを子どもたちに話す必要があります。

日本のなりたちは、これまでお話ししたように、神話ができてきます。

いま日本では、神話から繋がっている天皇のことや、神話に通じる「神道《しんとう》」について、学校で教えることができません。

それはなぜでしょうか。

憲法第二十条で次のように、宗教的なことを教育に入れてはいけないと決められているからです。

日本国憲法
第二十条　信教の自由は、何人に対してもこれを保障する。いかなる宗教団体も、国から特権を受け、又は政治上の権力を行使してはならない。
２　何人も、宗教上の行為、祝典、儀式又は行事に参加することを強制されない。
３　国及びその機関は、宗教教育その他いかなる宗教的活動もしてはならない。

そもそも、神道は**「宗教」**ではなく、日本の神々への**「信仰」**でした。

けれども、戦後、ＧＨＱは、天皇を頂点とした精神的な団結力が、日本人を戦争につき動かしたと考えていました。

なかには、日本人の精神を改革するためには「神社を破壊すべきだ」という意見もあったそうです。そして、実際に神社を視察までしました。

でも、そこで行われていた祭典は厳かで優美であったため、神社を残しても危険性はないとわかりました。

神社は破壊されませんでしたが、国が管理する「国家神道」が廃止されて、宗教法人となりました。

その上で、「宗教教育をしてはいけない」と日本国憲法で決められてしまったのです。

「自分の国を思う」という教育をするのは、どの国でも当たり前です。

読み書きそろばんの後は、「国を思う」教育をします。

けれども、日本では、神話から始まる天皇のことを学校では教えられなくなってしまいました。

私は、これは、「宗教教育をしてはならない」という考えが行き過ぎてしまった結果だと考えます。


以前、イスラエルを旅していたときのことです。

ある幼稚園を視察したときに、私がイスラエルの国家が歌えることを知っている現地のドライバーがこう言いました。

「アカツカ、子どもたちにイスラエルの国歌（ハティクバ）を歌ってあげて」

私が歌い始めると、それまで大騒ぎしていた子どもたちが、全員起立をして直立不動で聞き始めました。

その姿は美しいと思いました。

国を愛すること、国の歌を大切にすることは尊いことだと、子どもたちが理解していました。

子どもに国歌や国のなりたちを教えることと、戦争をしたという事実は、本来関係がありません。

けれども、それを結び付けてしまう考え方の人もいます。

このことについて、もう一度、考えてみていただきたいです。

６日間でアメリカによって作られた日本国憲法

憲法に話を戻しましょう。

現在の日本国憲法の草案は、戦後連合国軍総司令部（ＧＨＱ）の最高司令官マッカーサー元帥の主導で作成されたものです。草案作成にかけられたのは６日間でした（注・９日間という説もあります）。

草案は25人のアメリカ人によって秘密裡に作られ、メンバーの中に日本人はひとりもいませんでした。

２０１６年には、アメリカのバイデン副大統領が、「我々が（日本を）核武装させないための日本国憲法を書いた」と発言しています。

国の形を決める大切な憲法が、どのようにして作られたかということについても、ひとりひとりがあらためて調べ、学ぶ必要があると思います。

第3章　日本の神

18

ジョン・レノンが伊勢神宮で
インスピレーションを得て作った曲が
あると聞きました。何という曲ですか

1971年に発表された『イマジン』です。

ジョン・レノンの楽曲**『イマジン』**（Imagine）は、発表から50年近く経つ今も、平和を象徴する名曲として歌いつがれ、平昌冬季五輪の開会式でも歌われました。

この『イマジン』は、実は**神道**にインスピレーションを得て作った歌です。

私はこのことをジョン・レノンの妻、オノ・ヨーコさんの従弟から聞きました。従弟とは外交評論家の加瀬《かせ》英明《ひであき》さんです。

ジョンがあるとき、加瀬さんにこう聞いたそうです。

「ヒデアキ、神宮とか、伊勢神宮はどういう宗教なんだい?」

「宗教じゃない。だって教祖がいない、教義も経典もない。だから宗教じゃない。神道っていう信仰だ。ジョンは、『くまのプーさん』はわかるな?」

「あぁ、わかるよ」

「プーの森はみんな一緒だろ。みんな仲良し。それにプーの森には教会もない。ああやってみんながつながって、１つになって助け合って生きている世界が日本であり、それが僕たちの神道だと思ってくれたらいい」

「そりゃあ、すごいね。もっと日本を知りたいな。もっと日本を勉強しよう」

ジョンはそういって、日本語を一生懸命勉強して自分で手製の辞書まで作ったそうです。

『イマジン』には日本の建国の精神「八紘一宇」が表されている

そして、オノ・ヨーコさんと一緒に日本をめぐり、知るうちに、『イマジン』が生まれたのだと思います。

『イマジン』の最後のほうには、みんなで世界をわかち合うという意味の歌詞があります。

この考え方は、日本の建国の理念**「八紘一宇《はっこういちう》」**と共通します。

「八紘一宇」の語源は、神武《じんむ》天皇が即位された際に作られたとされる「橿原建都《かしはらけんと》の詔《みことのり》」に遡《さかのぼ》ります。詔とは、天皇の宣言のことです。


「六合《くにのうち》を兼ねてもって都を開き、八紘《あめのした》を掩《おお》いて宇《いえ》と為《せ》むこと、亦可《またよ》からずや」

かんたんにいえば、「世界のすべての人たちが、同じ屋根の下の家族のように仲良く暮らしていける国にしよう」という意味です。

世界の国の中で、「世界のすべての人が同じ屋根の下の家族」という発想をしている民族を私は日本以外に知りません。逆に、自分たちが一番すごくて、自分たちさえ良ければいいという考えの国はあると感じます。

「八紘一宇」はいい言葉ではないから使わないほうがいい、という考え方があります。戦前、侵略を正当化するために使われたからです。

たしかに、戦前、あるいは戦争中には、そのような使い方をされたかもしれません。

ただ、元の意味に立ち返ってみると、「使わない方がいい」とまで言い切れるでしょうか。

世界では、昔から今にいたるまで、そこかしこで宗教をめぐる争いが繰り返されています。日本でもそうした争いがまったく起きなかったわけではありません。５８７年には、仏教を国の宗教として公式に受け入れるとする蘇我馬子と仏教排斥を進める物部守屋との間で争いが起こりました（丁未の乱）。１６３７年には、キリシタンの農民が主体となった一揆が起こりました（島原の乱）。

しかし、世界の宗教戦争と呼ばれる現象に比べれば、わが国での諍いは穏やかなものだと言えます。神話の中でも、出雲の国譲りで天照大御神《あまてらすおおみかみ》は大国主神《おおくにぬしのかみ》の信仰を尊重し、弾圧せずに認めています。

イエスキリストが愛を説いて、世界宗教になっても、今の時点で世界は平和になっていません。

「宗教がなければみんなが今を平和に暮らせるんだ」とジョンは歌いました。

きっとそれは本当のことでしょう。

白人キリスト教世界から見れば、日本は穏やかな平和を愛する国柄に映ります。

今の日本はどうでしょうか。「自分の宗教はこれです」というよりも、イエスキリストの生誕祭としてのクリスマスも楽しみながら、結婚式は神前で挙げることもあります。どんな宗教でも尊重しています。

そこには、信仰は違っても、「世界のすべての人が同じ屋根の下の家族なんだよ、だから、仲良くしよう」という考え方が根本にあります。

これは、『イマジン』を貫く考え方と同じなのです。

19

天照大御神《あまてらすおおみかみ》を伊勢に祭ったのは、誰ですか

「倭姫命《やまとひめのみこと》」です。

天皇は、国や国民が災難にあったら、自分の徳がないせいだと言って神さまに詫び、謝られます。現代でもそうです。

平成の時代には、たくさんの地震がありました。その時、天皇は自分の不徳のせいであると詫びておられます。被災地に行った時のお姿から、その思いが伝わってきます。

第10代**崇神天皇《すじん》**の時代には、災害が起こり、お米はとれず、国が荒れていました。

ある日、どこからか「徳がない」と声が聞こえたそうです。続けて「剣と鏡、勾玉の三種の神器をちゃんと奉りなさい。天照大御神《あまてらすおおみかみ》の奉り方がよろしくない」とその声が言いました。三種の神器は皇位継承者が皇位の証として受け継ぐもので、次の3つです。

剣（刀）　→　草薙の剣《くさなぎ　つるぎ》

璽（勾玉）　→　八尺瓊勾玉《やさかにのまがたま》

鏡　→　八咫鏡《やたのかがみ》

当時、三種の神器はすべて都である奈良にありました。

奉り方がよろしくないと言っても、ではどこに奉ればいいかがわかりません。

そこで、崇神天皇は、自分で行けないので、自分の娘の豊鍬入姫命《とよすきいりひめのみこと》に「奉るのにいい場所を探してほしい」と頼みました。

最初は、大和神社に奉りました。神に「ここはどうでしょうか」と聞きますが、ＯＫが出ません。そこで何か所もめぐっては、「ここはどうでしょう」と繰り返しますが、なかなかＯＫが出ないのです。

そのうちに、豊鍬入姫命は「私は年をとってもう無理だから」と、姪っ子の**倭姫命**《やまとひめのみこと》に任せました。

倭姫命も転々といろんな場所を移っては、「ここでよいでしょうか」と聞いていきます。滋賀県や和歌山県の県境など、かなり広い範囲までずいぶん歩いたあとのことです。

今の伊勢の地に来て、綺麗な海で体を清めて、二見という地から内陸に入っていくと、今の五十鈴川という綺麗な川を目にします。すると、ついに、

「伊勢の国は美しい、素晴らしい国である。私は永久にここに住もう」

という神の声が聞こえました。

そうやって定められたのが伊勢神宮です。

以来、伊勢神宮で皇室の祖先である天照大御神をおまつりしています。

天皇自らが都から伊勢までやってきて神宮にお参りにすることは、なかなかできないので、天皇の皇女が参ることが毎年の恒例になり、皇女を「斎王《さいおう》」と呼ぶようになりました。斎王の住まいは斎宮といい、三重県に跡が見つかっています。

神の声を聞きながら歩くことは、人間誰しもやっています。

自分の人生の目的は何なのか。コンサルタントに聞くよりは神さまに聞いてみる。**大成功していらっしゃる方は神さまに聞いています。**

たとえば、平安神宮の近くには松下幸之助さんが造った庭があります。伊勢神宮と同じで小さい宮が造ってあります。松下さんはときどきそこでずっと何時間も正座をして、重大な決断をしていました。松下さんが「平安神宮に入る」と言い出すと社内は大緊張したそうです。

このように、大きな決断をするとき、最後は天に聞くという場面があります。

人生を決める瞬間は、自分のエゴで行くよりも、また自分が願うよりも、願われて何かでつながった方が、本来の生き方をしやすくなると思います。

そういう意味で倭姫命の生き方や歩き方は、神さまの声を聞き、神宮を定めたのですから見事というほかありません。

20

伊勢神宮で20年ごとに執り行われている国家的行事とは、何ですか

「式年遷宮《しきねんせんぐう》」です。

「式年」は定められた年を、**「遷宮」**とは宮を遷《うつ》すことを意味します。

伊勢神宮の式年遷宮は20年に一度、正殿を始めとする殿舎と御装束神宝《おんしょうぞくしんぽう》を新たに造り替えて大御神に新宮へお遷りいただくお祭りです。

この制度は、天武天皇のご発意で、第1回は690年に行われました。以来、戦乱の一時期を除き、1300年も続いてきました。歴史のある行事です。

神さまの建物を20年に一度、場所を移動してまったく新しく造るのは、日本ならではの行事といっていいでしょう。

なんのために、20年ごとに式年遷宮を行うことにしたのか、はっきりとした理由はわかっていません。しかし、20年ごとに造り替えられることで、唯一神明造《ゆいいつしんめいづくり》という建築技術や御装束神宝《おんしょうぞくしんぽう》と呼ばれる神々の調度品や衣装など714種1576点を作る技術を現在に伝えています。20年ごとに造り替えると、技術を連綿と後世に伝えられるのです。

それによって、今でも古の昔と変わらない神宮の姿を見ることができています。

また、こうしたことによって、神と人、国家の永遠を目指したといわれています。

古来の日本人の魂を今に伝える

伊勢神宮では、建物だけでなく、神事も昔と変わらずに行われています。
これによって古来の日本人の魂をも、今に伝えていると感じます。

強く感じたのは、今から15年前のことです。

私は、伊勢の父といわれる、修養団の中山靖雄先生に誘っていただき、はじめて伊勢神宮の「神嘗祭《かんなめさい》」というお祭りに行きました。神嘗祭は、その年に収穫された新穀《しんこく》を最初に天照大御神《あまてらすおおみかみ》さまに捧げて、御恵みに感謝するお祭りです。

お祭りというと昼間に「ワッショイ、ワッショイ」と神輿を担いでにぎやかに行うものをイメージする人が多いでしょう。実際、神田明神で行われる神田まつりや浅草の三社祭も昼間に開催されます。

でも、伊勢神宮の神嘗祭は違います。夜、限られた人だけを入れて執り行われます。
天照大御神さまと神官たちが向き合って、未帳の向こうで、雅楽を鳴らして、神さまにお米を捧げています。

22時から始まるお祭りですが、太鼓の音がパーンと鳴って、太鼓の人が先頭で一人歩いた後、神官の方が数十名、神族の服装で木の靴で玉砂利を踏んで進みます。さくさく、さくさくという、何とも言えない玉砂利を踏みしめる音が流れてきて、目の前を神官の方々が通っていきます。

その姿を見たとき、正直に言うと、最初は、ディズニーランドのエレクトリカルパレードのようなテーマパークのコスプレに見えました。「何をやっているのだろう」という気持ちで見ていたのです。

けれども、人工の光がすべて消えて、真っ暗闇の中に松明の明かりだけがついて、ぱちぱちぱちぱちと燃える音と、木が燃えるにおいと、神官さんたちがお祈りしている姿を、１時間ずっと見ているうちに、「これが千何百年も続いているのか」と思いました。

その瞬間、タイムスリップして１３００年前に自分がいるような気持ちになりました。

周りはみんな１３００年前のままで、私だけが現代の恰好をしていて、なんかおかしいなと感じました。

そのとき、１３００年変わらないもののすごさを思い知らされました。

45歳の時でした。それを思ったときに、なんて日本はすごい国なのだと思いました。

しかも、式年遷宮は20年に1回全部宮を建て替えて、お金をかけて、同じことを何も変えずにやってきたのです。

実は、それまでは、私は日本のことを何とも思っていませんでした。

けれども、このときにはじめて気づきました。

日本はなんてすばらしい国なんだろう、と。

伊勢神宮に行ったときに、どこかのお稲荷さんにお参りに行ったときのように、「今度の試験を合格させてください」と自分の欲のお祈りをしている間は、伊勢神宮の存在の意味を感じるのは難しいと思います。

「1300年もの間、伊勢神宮が守られてきて、その間ずっと祈ってくださる方がいて、変わらないものがある」ことを肌で感じたときに、はじめて日本人としての魂が震えた気がしたからです。

自分の名前を残そうとする人が一人もいない

調度品を作っている人は、現代の名工で人間国宝のような方々です。自分の人生で最大の仕事です。天照大御神に捧げるものを作るから命がけです。そこには、すばらしい文化を感じます。

同時に驚くのは、誰の名前も残されていないことです。

落款、サイン、ハンコ……、なに一つ押されていないから、誰が作ったのか一切わかりません。皆が本当に自分のなすべきことを持ち寄って伊勢神宮を今に継続している。

これは遷宮で一番感動したことです。

自分の名を残したい世界とまったく違う世界が存在したからこそ、いまに続いています。名を残した人はみな消えていきます。

遷宮では誰も名前を残さないで続けてきた。答えがあるわけではありませんが、ここに何か大切なことが隠されている気がします。

誰が偉いわけではなく、「天の下では皆一緒」という日本古来からある考え方を徹底していると感じました。

神宮に入ると、火よけ橋の手前に立派な松の木があります。そこだけ囲いがしてあるので、「何の松かな」と思いましたが、何も書かれていません。

後で聞くと、大正天皇がお植えになった松なんです。それすらも名前が残っていない。

神道のこうした「上も下もない平等な考え」を、日本人は誇りに思っていいと思います。

21

神さまを身近に感じる方法はありますか

あります。神棚を祭ることです。

私は伊勢神宮のある三重県に住んでいます。といっても、しょっちゅうお参りに行くのは難しい。５年前にはたと思いたち、会社に神棚を作りました。

神宮で大き目の神棚をいただいてきて、真ん中に**天照大御神《あまてらすおおみかみ》さま**、右に**地元の神さまである氏神さま**、そして左には**自分の崇敬する神社の神さま**のお札を入れています。

そして、毎朝、お米とお水とお塩を供える。１日と15日にはお榊《さかき》とお神酒《みき》を替える。

これが、朝の習慣になると、毎日がすがすがしくスタートできます。

神棚は、神さまと通じる窓口と考えるといいでしょう。ラジオをつけてチューニングを合わせると電波で放送局とつながります。家に神棚をしつらえて、自分自身の気持ちを毎朝神さまに合わせると、神さまとつながることができると私は思っています。

３つの神さまが来てくれたら、邪悪なものは寄りにくくなるのではないでしょうか。

22

日本人はなぜ、年末にクリスマスを祝い、
正月には寺にも神社にも行くのですか

宗教の枠にとらわれない国民性があるからです。

日本の神道は、**「宗教」**の中に収まらない**「信仰」**です。

日本人は、特定の宗教を持つ人はともかく、クリスマスはプレゼント交換をし、寺や神社にも行って拝む。

以前、私は「日本人はなんて節操がない民族なんだろう」と思っていました。でも、いまは違います。

すべての宗教を信じる人に対して、同じように接することができるのは、宗教戦争をせず、和を大切にする国柄なのだと称えています。

外国は宗教戦争によって多数の人が亡くなっています。世界で人が亡くなる大きな原因の一つが宗教戦争です。同じキリスト教でもカトリックとプロテスタントでは殺し合いがあります。また、イスラムも派閥同士の殺し合いは恐ろしいものがあります。

日本も、かつてキリシタンを弾圧していた時期などがありますが、現在は宗教上の激しい対立と言えるものは起こっていません。

第4章　天皇

23

「万世一系の天皇」の仕事は、何ですか

国民一人一人の幸せと国の平安を祈ることです。

天皇陛下の仕事は、「国会の指名に基づいて内閣総理大臣を任命する」「内閣の指名に基づいて最高裁判所長官を任命する」「国務大臣その他の官吏の任免を認証する」など、さまざまなご公務があります。

天皇の本来の仕事は、**祈る**ことです。

天皇陛下は一年の始まりの元旦には、まだ夜が明けやらぬ4時過ぎ5時前に、寒い中で、皇居の賢所《かしこどころ》の外にある石灰壇《いしばいのだん》で、正座をなさっています。

天皇しか着ることのできない衣をまとって、伊勢神宮の方から拝されて、日本のあちこちの大きな神さま、それから日本の歴代の天皇にお祈りを1時間2時間とされます。

「この1年この国が災いが来ないように、国民に災いが来ないように。もしも災いが来るのであれば私に来てください」と祈ってくださいます。

四方を拝するので、かつては、元旦のことを四方節といいました。

天皇陛下がお祈りをしてくださっている大切な日なので、国民も心を合わせて1年の始まりをお祈りしました。

そのほかにもお祈りをする日はいくつもありますが、中でも一番大切だったのが、11月23日の新嘗祭《にいなめさい》です。新嘗祭はその年の新米を、初めて天皇が召し上がる大切な日です。しかも、天照大御神《あまてらすおおみかみ》や八百万の神々と一緒に召し上がります。かつては、その日まで新米を食べない日本人も多くいました。食べるときには、天皇陛下に「ありがとうございました。今年も本当に新しい新米を食べることができました」といいました。

新米をいただく時期にしては少し遅いと思う方もいるかもしれませんが、天皇陛下は国民にみんなに行き渡ってから自分が召し上がるという御方です。国民が飢えないように、国民が幸せであるようにと祈り、国民みんな食べた頃に私が食べよう、と言って召し上がってくださるのが天皇の在り方です。

国民が大事にしてきた新嘗祭も、ＧＨＱはなくそうとしました。しかし、どうかなくさないでほしいという強い声があり、名前を変えることを条件に祝日として残しました。

それが、勤労感謝の日です。

日本が国難に直面しているときも、天皇は祈ります。

鎌倉時代に、モンゴル高原や中国大陸を中心に東アジアと北アジアを支配していたモンゴル帝国（元朝）と、その属国の高麗が2度にわたって日本に侵攻してきました。

これを元寇《げんこう》といいます。

このとき、**亀山上皇**《かめやま》は、伊勢神宮にすぐに勅使を走らせて、「天照大御神に、私の命は差し出すので日本を国を守ってもらいたい」と手紙を書き、日本が滅びないように祈っています。日本軍と蒙古軍との合戦が繰り広げられた古戦場だった福岡市の東公園。ここには、亀山上皇立像が建てられています。

また、欧米列強が日本に迫ってきていた幕末には、**孝明**《こうめい》**天皇**が、京都の下鴨神社と上賀茂神社へ行幸し、攘夷《じょうい》（外敵をしりぞけること）を祈願しています。

24

「天皇は日本の象徴」とは、どういう意味ですか

「天皇が日本の姿をあらわしている」という意味です。

日本国憲法第1条には、次のように書かれています。

第一条〔天皇の地位・国民主権〕
天皇は、日本国の象徴であり日本国民統合の象徴であつて、この地位は、主権の存する日本国民の総意に基く。

では、この**「象徴（シンボル）」**とはどういう意味でしょう？

たとえば、教育勅語の最後で明治天皇は、「私がやってみせるから、皆もやってもらえないだろうか。お願いするよ」という意味のことを言っています。ほかの国の王様であれば、民衆に対しては「お触れを出すから、やりなさい」と命じるところです。でも、日本の天皇はそうは言いません。

それは象徴だからです。「私が日本の姿を表してみせるよ」と言っているんです。

本体は手にとったり触れたりすることができないけれども、象徴には触れられます。それが、象徴の意味するところです。

「桜は日本の象徴です」。日本には触れられないけれども、桜には触れられます。「富士は日本の象徴です」。日本には触れないけれども、富士には登れます。「ニキビは青春のシンボルです」。青春には触れないけれども、ニキビには触れられます。「天皇は日本の象徴です」と言ったら、日本には触れられないけれども、天皇を見れば日本がわかるということです。天皇は日本の姿そのものです。

私たちは、そのお姿を仰ぎみてここまできています。

天皇がいなくなれば、日本の姿をあらわす人間はいなくなります。


天皇のことを悪く言う人もいます。でも、天皇陛下が国民のことを悪く言ったことは一回もありません。どんなにバッシングされても、美智子上皇后が国民に対して悪い言葉を使ったことはただ一度もありません。皇室に対して、国民やマスコミがバッシングすることがあっても、それに対して、天皇陛下が国民に反論されたことはありません。

どんな人に対しても、平等に、無差別に、無制限に、無条件で一方的に祈りを捧げてくださっています。

天皇陛下は人間ですが、私はそのお姿の素晴らしさに、ただどんなものも愛する神の姿を見ます。

25

天皇家の家紋は、何ですか

菊の御紋です。

２０１９年11月10日に天皇陛下の即位のパレードが行われ、天皇皇后は美しい新御料車《ごりょうしゃ》トヨタ「センチュリー」にお乗りになっていましたが、この車の前方とドアにも菊の御紋がつけられていました。天皇家を示す御紋として威厳を感じました。

天皇家の家紋が菊の御紋になったのは鎌倉時代といわれます。
きっかけをつくったのは、菊の花を愛した**後鳥羽《ごとば》上皇**です。
上皇《じょうこう》とは譲位した天皇の称号です。後鳥羽上皇は、３歳で天皇になり、18歳で第一皇子《おうじ》だった土御門《つちみかど》天皇に譲位して上皇となりました。

後鳥羽上皇が調度品に菊の紋を使用するようになったのがきっかけで、天皇家の御紋として使用されるようになったといわれています。

当時は、天皇家が使っていた御紋ですが、戦国時代になると、戦果をあげた武将に褒美として、「使ってもいい」と許可されるようになりました。天皇中心の政治を行うために、鎌倉幕府の討伐を決意した後醍醐《ごだいご》天皇も、武将の楠木正成《くすのきまさしげ》の功績の褒美として、菊の御紋の使用を許可しました。

しかし、正成は、菊の紋をそのまま使うのはもったいないこととして、自分で「菊水《きくすい》」の御紋を考案し、家紋としました。

菊水は、菊の半分を上に載せて、下半分を川が流れるデザインです。

天皇をお守りし、足元を洗う役になりたい。最後の最後まで天皇をお守りするという決

意の表れでした。

なお菊の御紋を、天皇家から「使ってもよい」と許されたのは、日本の中で二人だけです。

一人が楠木正成、もう一人が西郷隆盛《さいごうたかもり》でした。

26

「女性天皇」と「女系天皇」の違いは、何ですか

女性天皇は、父親が天皇家の血筋である女性の天皇です。女系天皇は、母親が天皇家の血筋であり、父親が天皇家の血筋でない天皇です。

女性天皇と女系天皇。言葉が似ているので混同しがちですが、まったく異なります。

まず、女性天皇から説明します。

女性天皇とは、父親が天皇家の血筋を引いている女性の天皇のことです。

「日本では女性は天皇になれない」と思っている方がいます。たしかに、現在は、皇室に関する法律「皇室典範《こうしつてんぱん》」で、天皇になれるのは男性と決められており、女性は天皇になれません。でも、過去にさかのぼると女性天皇が即位していた時代があります。

特に6世紀から8世紀にかけては多く、10代（そのうち2代は同じ方が天皇になられました）が女性天皇でした。最初の女性天皇は、第33代**推古《すいこ》天皇**（在位：592年〜628年）です。ちなみに、天皇が幼いときや女性のときは、「摂政」という役割の人がその仕事を行っていますが、推古天皇の摂政は、甥の聖徳太子でした。

17世紀から18世紀にかけては、第109代**明正《めいしょう》天皇**（在位：1629年〜1643年）

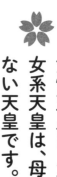

と第１１７代**後桜町《ごさくらまち》天皇**（在位：１７６２年～１７７０年）の２代が女性天皇でした。

どの女性天皇も配偶者はおらず、御子をお産みになっていません。意図的かどうかはわかりませんが、お産みになった御子が皇位継承の混乱を招く可能性があるので産まなかったのかもしれません。

次に、女系天皇についてお話しします。

女系天皇とは、母親が天皇家の血筋を引いているけれども、父親は天皇家の血筋を引いていない天皇のことです。

天皇の位のことを「皇位」といいます。皇位継承については、日本国憲法の第２条と、皇室典範で決められています。皇室典範には、次のように書かれています。

第一条　皇位は、皇統に属する男系の男子が、これを継承する。

皇統とは天皇の血筋のことで、男系の男子とは父親が天皇の血筋を引く男子のことです。つまり、父親が天皇の血筋を引いており、なおかつ男子が皇位を継承するということです。父方に天皇の血筋をもつ天皇を男系天皇といいます。

ですから、現在の法律では、愛子様は父親が天皇であっても、皇位を継承して天皇になることはできません。でも、仮に、女性天皇になり、一般の男性と結婚したとします。

このお二人の間に生まれた御子は、男性であっても、女性であっても、天皇になれば「女系天皇」となります。もし、これが実現すると、天皇家では初めてのことになります。

これまで、女性天皇が生んだお子が天皇になった例がないからです。女性天皇だったときも、ずっとその父親が天皇。つまり、女性天皇であっても、「男系天皇」だったのです。日本は初代の神武天皇以来、２０００年以上「男系天皇」が続いています。

天皇のお父さんだけをたどっていけば、神武天皇に行きつきます。

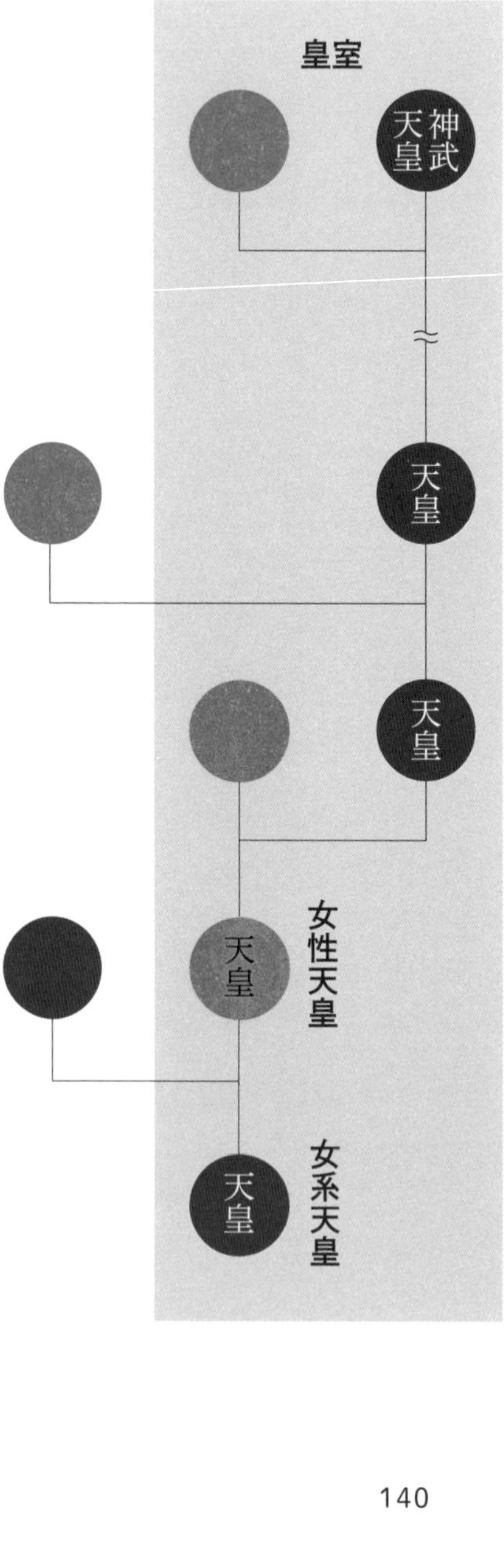

27

「皇位継承問題」とは、何ですか

皇位継承をする資格のある方が少なくなってきたことで起こる問題のことです。

昭和40年（１９６５年）の秋篠宮《あきしののみや》文仁《ふみひと》親王誕生後、長く日本の皇室に男子が誕生しなかったことで、皇位継承の資格のある方が少なくなり、**「皇位継承問題」**が表面化しました。その後、平成18年（２００６年）に皇族男子として悠仁《ひさひと》親王が誕生したものの、皇位継承の資格のある方が少ないままなので、日本が抱える大きな問題になっています。

皇位継承問題の話になると、「『女の人が天皇になれない』。それは女性に対する差別だ」という意見が必ず出てきます。それは正しくはありません。

一般の女性は縁があれば、天皇と結婚して皇族になれます。

そして、天皇の子どもを産める。天皇の子どもを産むということは、「天皇のお母さんになれる」可能性があるということ。一般の女性にはそれができるわけです。

美智子さまも、雅子さまも、紀子さまも、民間出身の女性として皇室に嫁ぎました。御子は天皇になったり、これから天皇になる可能性があります。

では、一般男性はどうか。天皇陛下の血が流れていない限り、絶対天皇になれません。こう考えると、差別とか不平等というのなら、むしろ男性が差別されていると私は感じます。

皇位継承問題について、差別や不平等を考えるよりも、「２０００年以上ずっと守られてきた大切なもの」をどうするかの観点で慎重に判断するべきです。

天皇の血筋がずっと続くことを**「万世一系《ばんせいいっけい》」**といいます。

世界に多くの国々がありますが、２０００年以上もの間、万世一系で天皇や王室が続いてきた国は、どこにもありません。日本だけです。宮内庁のホームページには、初代の神武天皇から１２６代の今上天皇《きんじょうてんのう》（在位中の天皇のこと）までの天皇系図が書かれています。

見方によっては、初代の神武天皇から25代目の武烈《ぶれつ》天皇までは、『古事記』や『日本書紀』の神話の世界のことだから、実在していたかどうかはわからない、というとらえ方もあります。それにしたって１００代以上も続いているのはすごいことです。

それが、もし、一度でも、女系天皇に変えると、「男系を追えば必ず神武天皇にたどり着く」という伝統がプツンと途切れてしまいます。一度切れた糸は元通りに戻せません。やり直しはきかないのです。

「女性」天皇をよしとするかどうかは、それほど難しく考える必要はありません。男系天皇になる方が成長するまでの間、女性天皇が即位することは、今までにもありました。

ただ、「女系」天皇を認めるかどうかは、慎重さが求められます。

皇位継承問題は待ったなし。考えないわけにはいきません。

2019年5月1日に徳仁《なるひと》さまが天皇陛下に即位され、秋篠宮さまが皇位継承順位1位の「皇嗣《こうし》」に、秋篠宮さまの長男、悠仁さまが2位に、上皇さまの弟の常陸宮正仁親王《ひたちのみやまさひと》が3位となり、皇位継承者は3人になってしまったからです。

皇位継承問題を解決するために、「旧宮家《みやけ》を復活させる」という案もあります。

皇室には、宮家があります。皇統の存続があやぶまれるときに、皇位を継承できるように、創設されました。宮家の皇族方も、脈々と受け継がれてきた天皇の血を受けついでいます。天皇の直系で男子が途絶えたときは、宮家の男子に皇位継承が行われました。

かつては多くの宮家がありましたが、1947年にGHQの占領政策のもと、11の宮家が皇籍を離れて民間人になりました。この宮家を復活させようという案です。

女系天皇にせよ、旧宮家復活にせよ、慎重に決めるべきだと思っています。

〔参考文献〕首相官邸皇室典範に関する有識者会議資料(https://www.kantei.go.jp/jp/singi/kousitu/)

28

玉音《ぎょくおん》放送の「玉音」とは、何ですか

「玉音」は天皇の肉声のことです。ちなみに天皇のお体のことを「玉体《ぎょくたい》」といいます。

令和２年の現在、日本が建国してから２６８０年経ちます。

その歴史の中で、天皇陛下が直接国民に声をかけられたことが、３回あります。

天皇陛下の大事な仕事は国を守ることであり、御言葉を出すのは、国が危険な状態にあるときです。


１回目は昭和20年８月15日、終戦時の「玉音放送」です。


これ以上、戦争を続けると日本や世界がダメになる。

だから、戦争をやめよう、というお言葉をラジオを通じて日本の国民に伝えました。

次のようなお言葉で始まります。

「朕《ちん》、深く世界の大勢と帝国の現状とに鑑み、非常の措置をもって時局を収拾せんと欲し、ここに忠良なるなんじ臣民に告ぐ。

朕は帝国政府をして米英支蘇《べいえいしそ》四国《しこく》に対し、その共同宣言を受諾する旨《むね》通告せしめたり。

そもそも帝国臣民の康寧《こうねい》を図り、万邦共栄の楽《たのしみ》をともにするは、皇祖皇宗《こうそこうそう》の遺範《いはん》にして朕の拳々《けんけん》おかざるところ……（以下省略）」


現代語訳は次のようになっています。


「私は深く世界の大勢と日本の現状に鑑み、非常の措置をもって時局を収拾しようと思い、忠義で善良なあなた方臣民に告げる。私は帝国政府に米国、英国、中国、ソ連の4カ国に対しその（ポツダム）宣言を受諾することを通告させた。

そもそも帝国臣民の安全を確保し世界の国々と共に栄え、喜びを共にすることは、天皇家の祖先から残された規範であり、私も深く心にとめ、そう努めてきた……（以下省略）」

（出典　2014年8月15日西日本新聞より）


2回目は、平成23年3月16日の、「東北地方太平洋沖地震に関する天皇陛下のおことば」です。

陛下がお言葉を出されて、陛下のお姿とともにテレビで放映されました。完全に政府が機能停止し、日本はどうしようもなくなっていました。陛下は何でも知らす方で、全てをご存知の方なので、これは日本も滅びる可能性があるということで天皇が声を出されたと私は感じています。

次の言葉で始まります。

「この度の東北地方太平洋沖地震は、マグニチュード9.0という例を見ない規模の巨大地震であり、被災地の悲惨な状況に深く心を痛めています。地震や津波による死者の数は日を追って増加し、犠牲者が何人になるのかも分かりません。一人でも多くの人の無事が確認されることを願っています。また、現在、原子力発電所の状況が予断を許さぬものであることを深く案じ、関係者の尽力により事態の更なる悪化が回避されることを切に願っています……（以下省略）」

このお言葉があったからこそ、政府が動き始め、国民も勇気づけられました。

3回目は、御譲位をされるときの、「象徴としてのお務めについての天皇陛下のおことば（平成28年8月8日）」です。

「戦後70年という大きな節目を過ぎ、2年後には、平成30年を迎えます。
私も80を越え、体力の面などから様々な制約を覚えることもあり、ここ数年、天皇としての自らの歩みを振り返るとともに、この先の自分の在り方や務めにつき、思いを致すようになりました。（中略）始めにも述べましたように、憲法の下もと、天皇は国政に関する権能を有しません。そうした中で、このたび我が国の長い天皇の歴史を改めて振り返りつつ、これからも皇室がどのような時にも国民と共にあり、相たずさえてこの国の未来を築いていけるよう、そして象徴天皇の務めが常に途切れることなく、安定的に続いていくことをひとえに念じ、ここに私の気持ちをお話しいたしました。国民の理解を得られることを、切に願っています」

これは、これから皇統を守るために、国民にしっかり考えてもらいたいという陛下のメッセージだと思います。

本来は譲位などについて、すべて皇室典範で決められています。
そんな中、天皇自身が譲位を問題にするのは憲法違反です。
でも、そうしなければならないほど、国のことを心配されてお言葉を発せられたのだと思います。

我々はそのことを考え、今後日本をどうするのか、しっかり考えていきたいものです。

29

信長も秀吉も家康も、天皇になろうとしなかったのはなぜですか

天皇の存在の意義を、すべての日本人がわかっていたからです。

天皇に対する尊敬の念と、天皇の存在の意義をすべての日本人がわかっていたから、どの権力者も天皇にはなれなかったのです。

天皇を権力者だと考える人なら、王様を倒して王になるように、天皇を倒して天皇になろうと考えるかもしれません。

しかし、天皇は「権力を持って支配する」つまり**「うしはく」**方ではなくて、**「しらす」**方です。

天皇は国の中心であり、しかも「支配する人ではない」ということを、皆が知っていて、そのことに対して尊敬しています。

今まで、天皇になろうとした権力者も存在しました。

しかし、天皇は「国民」ではなく、「国の平安と国民一人一人の幸せを祈る存在」です。

国民が権力者になっても、「天皇」にはなれないのです。

どこかの国の王様のように、力で支配する「うしはく」世界であれば、新しい権力者が王となろうとするでしょう。

あるいは、国民が革命を起こして王を倒し共和国を打ち立てるでしょう。

ところが、わが国では、武士の時代から近代へと移行する際にも「革命」は起こらず、敵をも味方に変える「維新」によって天皇の「しらす」国は守られました。

「天皇は支配する方ではない」ことを、皆が知っていて、そのような天皇に対して、みんなが尊敬をしていたからです。

天《あめ》の下
四方《よも》のくに
おほみたから
広くさきはえ給へと申す

天皇は、いまも朝な夕なこの祝詞《のりと》をお詠みになって世界平和と国民の幸せを無条件の愛で祈ってくださっています。

日本が世界でもっとも長く続いているのは、世界に例のない、権力者が中心ではない「中空構造」の国だからだと思えます。

第5章　日本の決まりごと

30

「祝日」とは、何を祝う日ですか

皇室の祭典を国民が一緒に祝う日で、かつては「祝祭日」と呼ばれていました。昭和23年からは、「国民の祝日」と呼ばれるようになりました。

「祝日」の意味について、とくに若い人は、日曜日以外に会社や学校や休みになる日、という印象が強く、なぜその日が祝日なのか、理由や意味を知らない方も多いと思います。

「国民の祝日」とは、昭和23年（１９４８年）に作られた「国民の祝日に関する法律」で決められた祝日のことです。

それ以前は、「祝祭日」と呼ばれていて、皇室や日本の伝統文化に基づいた祭りの日や祝いの日のことをいいました。かつては皇室の祭典を国民が一緒に祝っていたのですね。

ところが、天皇陛下と国民の結びつきが強くなることを恐れたＧＨＱが、戦後、祝祭日をなくそうとしました。

日本側は、これを何とか残そうとして、祝祭日の呼び方を変え、今に至っています。

11月23日は「新嘗祭」

たとえば、11月23日は、「勤労感謝の日」で、「勤労をたっとび、生産を祝い、国民がたがいに感謝しあう」という日になっています。

前にも少しお話ししましたが、この日はもともとは、**「新嘗祭《にいなめさい》」**という祭日でした。

新嘗祭は天皇がその年の新米をはじめて召し上がる日です。

天皇より先に新米を食べた人は、「陛下のおかげです。ありがとう」と思う日でもあるし、天皇が食べるまで食べないと決めている日本人にとっては、その日が新米を食べる解禁の日でもあります。どちらにしても、天皇がその日に尊いお祭りをされて、私たちも五穀豊穣を願う日でした。

日本が現代のように豊かになる前は、食べ物にしても、なんでもかんでもあったわけではありません。お米もとれたりとれなかったりしました。

農作物が不足で、死んでしまう人も出ました。

だから、新嘗祭では、「お米に恵まれてよかった」と国民全員がお祝いをしたのです。

祝日の日の名前は「勤労感謝の日」に変わりましたが、新嘗祭は今も11月23日に行われています。天皇皇后両陛下は、皇居で行われる祭祀を大切に受け継いでおり、年間約20件近くの祭儀が行われています。新嘗祭はその中でももっとも重要とされているのです。

今でも天皇陛下は、新嘗祭の日になると、皇居内にある神嘉殿で、新米を神々にお供えして、自らもお召し上がりになります。皇居には水田もあり、そこで、自らが栽培された新穀も供えられます。

どうして、新嘗際が大切なのでしょうか。

古事記の中には、前述の通り「天孫降臨《てんそんこうりん》」というくだりがあります。天照大御神《あまてらすおおみかみ》が、瓊瓊杵尊《ににぎのみこと》に三種の神器と稲穂を渡して、地上を統治するよう告げました。そのときに、3つの大切なこと（**「三大神勅《しんちょく》」**といいます）を命じました。かんたんにいうと、次のような内容です。

1、この国の君主である自覚を持ちなさい。

2、三種の神器を大切にしなさい。

3、稲穂を育てて地上を治めなさい。民を飢えさせてはいけない。

大切な3つ柱のうちの1つに関わることもあって、稲にまつわるお祭りは大切にされているのです。

２月11日は「紀元節」

春分の日は、もともとは**「春季皇霊祭《しゅんきこうれいさい》」**で、「春」の皇霊祭として天皇のご先祖さま、つまり、初代神武天皇から歴代天皇の魂にお参りをする大切な日です。

秋分の日は、**「秋季皇霊祭《しゅうきこうれいさい》」**で、「秋」の皇霊祭として天皇のご先祖にお参りする日でした。この２つも名前を変えられました。

２月11日は「建国記念の日」となっています。もともとは、**「紀元節《きげんせつ》」**といわれ、神武天皇が即位したといわれる日を祝って定めた祝日でした。

「建国記念の日」は必ず、「の」を入れなくてはいけないことになっています。「建国記念日」と言ったら、間違いだといわれたことがあります。「史実に基づく建国の日ではないから、建国したという事実を記念する日にしましょう」という日だそうです。ほかにも「の」を入れたことについては諸説ありますが、要するに、２月11日は建国記念日である、と公には認めがたい考え方があるのです。

１月１日は「元旦」と言いますが、そもそもは、これも前にお話ししましたが「四方節」

と呼ばれました。現代では、**「四方拝《しほうはい》」**という宮中の祭儀が行われる日です。

一年の最初に天皇陛下が、未明の暗い時間から、皇居にある神嘉殿南庭で正座をなさって、伊勢の神宮からはじまって、山陵（天皇、皇后の墓）、四方をお参りなさり、2時間3時間と国民に不幸せが行かないように、国に災いが来ないように、もし災いが来るなら、私に来てくださいと、祈りを捧げてくださいます。

この大事なお祈りをされる日を四方節と呼び、国民も天皇陛下と一緒に祈っていました。今も、天皇陛下は四方拝をされていますが、ほとんどの方はご存じないのではないでしょうか。

こうした昔の祭日の意味は、基本は「祭り」です。「何の日をお祭りするか」で、その国が見えてきます。

たとえば、アメリカはキリスト教国なので、イエスキリストの降誕祭（クリスマス）やイースター（復活祭）をお祭りの日にして休みになります。

私たちは、クリスマスは休みになりません。4月8日はお釈迦様の誕生日ですが、この日も休みにならない。仏教国ではないからです。

私たちが休むのは明治天皇や昭和天皇の誕生日です。これは何を意味しているか。

イエスキリストの降誕の日に休んでいるキリスト教国と同じように、私たちの国が天皇の国だと証明しているのです。

こういう祝日の元の意味を知っておくと、日本人として国史の基本を理解していることになるのではないでしょうか。

祝日名	期日	宮中祭祀等
元日	1月1日	四方節
建国記念の日	2月11日	紀元節祭
天皇誕生日	2月23日	今上天皇誕生日
春分の日	3月19日～3月21日	春季皇霊祭
昭和の日	4月29日	昭和天皇誕生日
秋分の日	9月22日～9月24日	秋季皇霊祭
文化の日	11月3日	明治節（明治天皇誕生日）
勤労感謝の日	11月23日	新嘗祭

31

「君が代」は、いつ誰が作ったのですか

歌詞は『古今和歌集』所載「読み人知らず」の古歌とされています。作曲者は、宮内省楽部伶人《がくぶれいじん》の林廣守《はやしひろもり》とされています（諸説あり）。

世界の国々にはどこも国歌があります。

いろんな国歌を聴いていくと、「戦いに勝とう」「敵をやっつけよう」といった闘争心にあふれる歌詞が多いことに気づきます。

フランスの国歌「ラ・マルセイエーズ」は、もともとフランス革命時の軍歌で、歌詞が過激なことで知られます。「血にまみれた横暴な旗が掲げられた」「武器をとれ、市民よ」「血まみれにしてしまおう」など、歌詞は好戦的です。音楽も戦いの気持ちを鼓舞するような調べです。

アメリカの国歌「星条旗」の歌詞は、米英戦争の史実が元になっています。ですから、「炸裂する爆弾」「勇ましく」「戦い」などの言葉がちりばめられています。

中国の国歌「義勇軍進行曲」は、中国で作られた抗日の映画の主題歌で「敵の砲火に向かって進め」「立ち上がれ」と勇ましい言葉がつづられています。

では、日本の国歌**「君が代」**はどうでしょうか。

君が代は
千代に八千代に
さざれ石の
いはほとなりて
こけのむすまで

訳すと次のようになります。

あなたのいのちは
いつまでもずっと、
細かな小石が長い年月をかけて
岩になって、そこに苔が生えるまで、
ずっと長生きしてください

好戦的な言葉はひとつもありません。

「ずっと続いてください」「長く繁栄してください」「長生きしてください」といった内容です。歌詞は平安時代前期の勅撰和歌集「古今和歌集」にあった読み人知らずの古歌が元になっているといわれます。調べもゆっくりで、どこか落ち着くし、威厳もあります。和を大切にする日本らしい国歌だと思います。

初代の君が代が作られたのは明治3年のこと。イギリス陸軍軍楽隊長J・W・フェントンが作曲しました。しかし、日本人の感性に合わなかったために改訂することになり、現在の「君が代」になりました。

作曲者は宮内省楽部伶人の林廣守とされていますが、諸説あります。

「君が代」は明治時代からずっと演奏されてきましたが、法的に「国歌」である、という根拠がなかったために、「君が代は国歌じゃない」という人もいました。

そこで、平成11年に「国旗及び国歌に関する法律」が成立して、「君が代」は正式に国歌となりました。

どの国歌がいいとか、悪いというつもりはありません。

ただ、自分が生きている日本という国歌の特徴を知って、歌いたいと思う人は胸を張って歌ってほしいと思います。

かつてあるプロのスポーツ選手が、「君が代は戦う前に歌う歌ではない」と発言し、物議をかもしました。

人によっては、そういうとらえ方もありますが、逆に精神統一ができる、と感じる人もいるかもしれません。

歌いたくて歌う人がいる一方で、歌いたくない人、歌わない人もいる。

それでいいと思います。

32

なぜ、土日はお休みなのですか

西洋社会が土日を休みにしていたためです。西洋との交流が始まると、スケジュール調整がしやすいように日本も土日を休みにしました。

日本はキリスト教が入ってくるまでは、一週間に1日や2日休むというルールはありませんでした。多くの人が基本的には、盆と正月だけ休んでいたようです。

それは、**働くことへの考え方**の違いによるものです。

キリスト教国の始まりは「天地創造」として、旧約聖書に描かれています。6日間で神が天地を創造し、7日目にお休みになったとされます。

天地創造の神が7日目を休息日にしたことにならって、特別な聖なる日として、労働をしてはならないとしています。

ユダヤ教では金曜日の日暮れから土曜日を、キリスト教では日曜日を「安息日《あんそく》」にしています。これは掟であり、背いて働くのは罪となります。休むといっても享楽的なことをするのではなく、「神との対話の時間をもつ」という宗教的な儀式を行います。

旧約聖書の創世記の人間の始まりはアダムとイブです。

最初に神が土の塊から男性のアダムをつくり、アダムの肋骨から女性のイブをつくりました。二人は自由の楽園、エデンの園に住んでいました。

エデンの園では、何をしてもかまわないし、何を食べてもいいと許されていました。

ただし、ひとつだけ禁じられていたことがありました。エデンの園の真ん中にある知恵の木の実と命の木の実だけは食べてはいけない。食べたら死ぬと言われていたのです。

でも、イブは、食べたくてしかたがない。そのときに誘惑の一声がありました。蛇がやってきて「食べても死なない」というのです。神さまには食べてはいけないと言われていたけれども、蛇が良いという。イブは禁断の果実を食べてしまいました。

勝手に食べたことを神さまからとがめられて、二人はエデンの園から追放されます。

神さまは追放するときに、約束を守らなかった罰として、女には子どもを産む苦しみ、男には労働の苦しみを与えました。

アダムとイブは、働いて自分で食べものを手に入れることになりました。

だから旧約聖書からはじまった、ユダヤ教、キリスト教、イスラム教の３つの宗教の世界観では、ベースに「労働は罪である」という考え方があります。


一方、日本人にはそれがありません。

日本人は「自分のことはさておき、人さまに対して何かをすることが嬉しい」という考え方があります。「働く」の語源は諸説ありますが、「傍《はた》を楽にする」からともいわれています。

「はた」は他人のこと。自分ことは勘定に入れずに、他人の負担を軽くしたり楽にする。そのために何かをするのが、「働く」の元の意味です。

働くのはいいことだから、罪とは考えていなかった。だから、昔の人は休みが必要じゃないと考えていたかもしれません。

江戸時代には、ほとんどの人は共通のお休みはお盆や正月くらいしかありませんでした。江戸時代は、雇われて働くことを奉公といいましたが、正月3日間は新しい年を迎えるために田舎で過ごし、お盆はご先祖様が家に帰ってくるので自分の故郷に戻る。このときだけは、休みを取るのが日本人の休み方でした。

今のように固定の休みが増えてきたのは、明治時代になってからです。日本が開国して西洋の人や文明が入ってくるようになると、スケジュールを合わせるために、休みを合わせざるを得なくなってきました。

それで明治9年に官庁や学校、軍隊などで日曜日が休みになり、土曜は半休になりました。

33

ご飯とお汁は、どちらからいただくのが正しいですか

和食では、お汁が先で、次にごはんが正しい食べ方です。

お汁を先にいただくのは、箸を湿らせるためです。
箸が乾いていると、ご飯の粒がこびりついてしまいます。
お米粒を大事にしたい気持ちから、先に汁をいただきます。
また汁を先に飲むことで、胃への刺激になり、動きが活性化します。

おかずがあれば、おかずは最後に食べます。
おかずが複数ある場合は、味の薄いものから箸をつけます。最初に味の濃いものを食べてしまうと、次に食べたものの味がわかりにくくなるからです。だんだんと濃いものを食べていくことで、一品一品をしっかり味わえます。

汁もの↓ご飯↓おかずの順番を覚えておくと、礼儀がわかっていると周囲から思われますし、何よりも自分自身が最後までおいしくいただくことができます。

第6章　日本人

34

日本人の仕事ぶりは、外国と比べてどんな特徴がありますか

日本人は、細部の品質が高い仕事を得意としています。

日本は、自分の手に職をつけることが尊いとされる国民で、その仕事ぶりが美しいと思います。

たとえば、かつて、ある国から日本に輸入した鍋の塗装にムラがあって、それによって返品されてしまったということがありました。その国の側からすれば、「鍋の機能に関係ないでしょう。なんでクレームになるの？」と返品の理由が納得できない。

たしかに「多少傷があってもいいでしょう」というおおらかな考え方もわかります。けれども、日本人はパッと見てわからなくても、よく見ると汚れていたり、仕上げが雑だと、商品自体の命を貶《おとし》められると考える。細部にも神が宿ると考えています。

だからこそ、たしかな品質のものが作られてきました。

世界でも、今や「メイドインジャパン」イコール「高品質」と考えられています。

細かいところを大事にするのは、一部の人だけではなくて、国民全体として持ち合わせていた気質だと思います。

江戸時代の中期、江戸の人口は１００万人だったといわれます。当時、世界で１００万人もいる都市はありませんでした。それほど多くの人がいても、決して荒れたりせず、世界で最も衛生的できれいな町だったといわれています。緑も多く、家々の軒先には花も飾られた美しい町でした。

なぜ、それほどきれいだったのか。私は、外国との交流が盛んではなく、独自の文化が開花したからだと思います。

私たちはこれを、ともすれば「遅れた文化」として学校で教わります。西洋の文明は進んでいて、日本は遅れていると教えられるので、なんとなく劣等感を持たされてしまいます。「西洋はすごい。追いつけ追い越せ」と見習って、外国の真似をするのがよいという風潮となっていて、それがまだ残っています。

どちらがいい悪い、優れている劣っているではなく、ただ**「文化が違う」**だけ。

それをお互いの国が認めあえば、お互いの国が仲良くできます。

今の日本を見ていると、日本人が「日本」を大事にしていないのでは、と感じます。グローバルと言いながら、よそのルールだけで戦おうとしています。

たとえば、「金融」に関してはユダヤ人に勝つのは難しい。古くからユダヤ人は欧州社会で迫害されていたため、就くことができる職業が限られていました。多くのユダヤ人が営んだのは金融業でした。キリスト教は当時、お金を貸して利息を得ることを禁じていたため、金融業をする人がいませんでした。その仕事をユダヤ人がやっていたわけです。

ユダヤ人たちは「お金を動かす」ことを民族としてやってきたので、すごいノウハウが蓄積されています。日本人はどちらかというと職人気質で、お金を動かすことに慣れていない。お金のことで、まともにぶつかったら潰されてしまいます。

それぞれの民族の特質を知っておくことが大切です。

日本人は、やる気になれば、力を発揮します。

ラグビーはイギリス発祥のスポーツですが、本気になれば、引けを取らない。

アメリカから輸入されてきたコンビニエンスストアも、元の会社を日本が買い取って、大企業にした例があります。ハンバーガーもアメリカが本場ですが、日本生まれのハンバーガーも本場と比べても遜色のない品質です。

こう書くとなんとなく、発明品が少なくて、真似しかできないという劣等感を持つかもしれません。けれども、外国生まれのものでも、努力して高めたり、アレンジする能力が抜群に高い民族です。

そんな風にとらえて、自信を持ちたいものです。

35

日本のマンガやアニメが世界的にも独特な文化を築いたのは、なぜですか

江戸時代からある版画や浮世絵の文化が基盤になっているからです。

日本には、江戸時代に発展した浮世絵版画の文化があります。

日本人の造形やデフォルメの力が圧倒的で、ゴッホは日本の浮世絵を模写し、作曲家のドビュッシーは葛飾北斎の影響を受けて交響曲を作曲しました。

ジャポニズム（＝日本趣味）の影響はそれだけ強いのです。

手塚治虫さんも、この特別な文化の根っこに影響を受けていると思います。

日本人の昔ながらの遊び心や大胆さ、自然との対話などの感覚が息づいています。


たとえば、日本人はカエルが飛び込むのを見て「あはれ」に感じ、鈴虫の声を聞いて風流を感じる。その感覚は、自然の中に神さまを見ているからです。

物事のとらえ方が違うので、表現の仕方も違ってくるのだと思います。

もうひとつは、日本は絶対的な正しい人がすべてを裁く世界ではない。そうした考え方がアニメの世界観にも影響を与えていると思います。

36

日本人は、どうして自分の意見をはっきりと主張しないのですか

日本は「和」の国だからです。

日本はそもそも自己主張して自分の意見を通す国ではありません。

相手を慮《おもんぱか》る国です。

何もかも説明しなくても、ひとこと言っただけで、相手のいわんとしていることがわかる。あるいは、よくよく考えて「相手はこう思っているんだろうな」と汲み取る。

そうした力が日本人には備わってきました。

はっきり主張しないのは、日本人のあり方につながっていて、決して「悪い」ことではありません。

戦争中のことです。ある17歳の子の遺書はこんな風に書かれていました。

「お母さん、先に旅立つ不孝をお許し下さい。明日特攻隊として名誉を挙げる命令が下されました。あと1日の命です。あと1日の命を前にして、なぜ生まれてきたのかを考えてみました。僕の弟、生まれてくる子ども、そして日本の永遠のために、命を捧げることにします。お父さん、お母さん17年間本当にありがとうございました。先に天国に行っています」

17歳の子が、こんな手紙を書けるのは、彼は、立派な侍として自立して、何の恨みも持たずにいるからです。

では、本人は苦しくなかったのか、悲しくなかったのかと言うと、悲しいし、苦しいし、もっと生きたいと思っていることが読みとれます。

親はもちろん、それを読みとっていました。

私は美しいと思います。こういう美しいことがずっと続いている。

その民族を諸外国は恐れたわけです。

自分の意見を言わないのは、日本の美徳ですが、どこかの国が日本のことを攻めてきたときに、何も意見を言わなければ、まずいことになります。

「どうしてわかってくれないんだ！」と言っても、わかってくれるわけはありません。

外国の人と対等に付き合うときには、そこは直した方がよい。

「相手はわかってくれるだろう」という思いは捨てたほうがよいでしょう。

日本人同士であれば、主張しなくてもわかり合うことができる、世界で唯一の民族です。

その美徳を大切にするのが人生の財産だと思います。

37

生活の中で日本の美しさに気づくには、どうしたらいいですか

言葉を意識してみましょう。

日本には美しい言葉がたくさんあります。

「おかげさまで」「いただきます」「ごちそうさま」「おたがいさまです」「お天道《てんとう》さまが見ていてくださる」。

これらは、英語では表現できない日本人らしい言葉です。これらを使うときに、どういう意味があるのか、思い出しながら使ってみるといいでしょう。

【おかげさまで】

「おかげさまで」は、ジョン・レノンが「世界の中でもっとも美しい」と言っていた言葉です。日本は、西洋の文化を学んで西洋化しているといっても、成功者が自分で単純に「俺は、すごい」と思わないところがあります。

「俺はこうやって成功した」という人がいると、きっと日本の神さまは戻そうとしたり、バランスをとらせようとするのでしょう。まだまだ成功するために、一度戻そうとする。

そのときに出る言葉が「おかげさま」です。「私だけの力ではない。みなさまのおかげで

す」といって自分を低くします、

「実るほど頭《こうべ》を垂れる稲穂かな」ということわざがあります。成功している人ほど謙虚という意味です。

ぐんぐん伸びていくものに対しては、抑えていき、謙虚さを求める。傲慢になる人を認めない。日本にはそういう国柄があります。

逆にいえば、このバランスを忘れると、さらに上に行くことはできません。

日本人の成功哲学として、一番忘れてはならない大切なことが、「あなたのおかげです」という心なのです。「おかげさまで」という謙虚な心を持ちながら、伸びていこうとしたので、日本は２０００年以上続いているのです。

目に見える相手の「おかげ」もあるし、目に見えない大きな「おかげ」もある。

影のように寄り添う何かの力に感謝できるのが、私たちの強みです。

【いただきます】【ごちそうさま】

「いただきます」は、自分が大自然の恵みを与えていただいて、恵まれた食事をしている、という意識があるからこそ発する言葉です。

聖書が根付いた民族の場合、事情が違います。「空を飛ぶ鳥も、水の中の魚も、すべて人間が支配する」と聖書に書かれています。動物は人間の所有物だから、食べられて当たり前という考え方です。

「ご馳走《ちそう》さま」は、「走り回って集める」という意味です。みんなが走り回ってたくさん集めてきてくれた。本当にありがたいという意味で使います。

食事のたびに、感謝するのは常に祈りを捧げていることになります。

命を頂いているのだと意識した上で、「いただきます」「ご馳走さま」と手を合わせると、魂力が上がります。

【おたがいさま】

「おたがいさま」は「許す」という意味合いがあります。

たとえば、かつては、自分が急病で休んで職場に迷惑をかけ「申し訳ない」と謝ると、言われた同僚は「いや、そんなのおたがいさまだよ。気にしないで、ゆっくり休んで」と言ったものです。

でも、現代はこの使い方が減っています。

自分も急病で休んで相手に迷惑をかけるかもしれないのに、「忙しいときに休んで、本当に迷惑なやつだ」と声に出さないまでも、思ってしまう。

これは、日本人らしさが失われている一つの現象です。

【お天道さまが見ていてくださる】

日本人の信仰の一番大きな柱になっているのが、「お天道さまが見ていてくださる」という言葉です。

誰も見ていなくても、お天道さまだけは見ている。お天道さまに恥ずかしくない生き方をしよう。

日本には特定の宗教はないけれども、神道という道に「お天道さまは見ている」という誇れる言葉があるのです。

現代は、言葉の使い方が少し荒れているのでは、と感じます。

たとえば、「やばい」と平気で使います。素晴らしいことも、「めっちゃ、やばい」と言ったります。けれども、これは、江戸時代の泥棒言葉です。「役人の追及がきびしくて身辺が危うい」という意味で使われました。お世辞にも上品とはいえない言葉です。

日本では、**「言霊《ことだま》」**といって、言葉には何かを引き寄せる力があるという考えがあります。日ごろから、日本語の語源を意識して、美しい言葉を使うように心がけると、運命が良くなって、神宮に行けなくても、いい知らせが届くようになると思います。

38

正しい国史を学ぶには、どうすればいいですか

一次資料にあたったり、歴史の舞台に行ってみましょう。

本当に知りたいと思ったら、まず、**一次資料**にあたりましょう。

一次資料はオリジナルの情報のことです。編集がなされていない資料です。もし、「日本の神話は正しいのか」を知りたければ、日本の神話の原点である、古事記を読んでみる。読んでみた上で、自分がどう感じるか。その上で判断し、また次の資料にあたっていく。

また、**歴史の舞台**に行くのもいいでしょう。

私は古事記をより知るために、初代天皇、神武天皇ご誕生の地である宮崎の高原町《たかはるちょう》まで行って歩きまわって、歴史の舞台に残っている物語を見て歩きました。

現場に伝わっている神話を聞き、神武天皇が歩いたとされるところを自分の足で歩き、祈ったとされるところで祈りました。

そして、日本の建国が発表された橿原《かしはら》の神宮にも行きました。

現場に行ってみると、頭ではなく足から情報が入っていきます。

そうすると私の中の魂に火がついて「ああ、すごい」と思ったり、「あれ、本当かな？」と疑問が湧いてきたりします。とても楽しい作業です。

第6章　日本人

神話の中の話が、現代の生活の中に息づいているケースがあると、嬉しくなります。

たとえば、神武天皇は、宮崎の美々津《みみつ》という海沿いの町から、船に乗って東に出ようと思ったところ、なかなかいい風がこない。

やっと天候がよくなったので、急きょ朝方に旅立つことになり、お見送りのために町中に「帝様《みかど》が出るぞ。起きよ、起きよ」と言って起こしてまわったという神話があり、今でも、夜に子どもたちが短冊飾りのついた笹を手に町の家々の戸を「起きよ、起きよ」と叩いて回るお祭りがあります。

また、船出のときに神武天皇の足の衣の裾がほつれていたので、村の女の人が「帝様、裾がほつれていらっしゃいます。縫わせてください」と言って、立ったまま縫ったという神話に基づいた地名、立縫《たちぬい》という地名も残っています。

現地に行くと神話が生きてきます。そこで、神話を感じていると、かつてそこにいた人の息吹が聞こえてきます。

そして、神武天皇の足跡をたどっていけば、神武天皇が3Dになって立ち上がってきます。「ああ、この方が日本を立ち上げられたのか」というありがたさやかたじけなさが出てきて、その挙げ句に、橿原神宮に行ったときには「ああ、ここで建国を宣言なさったのか」と思うと、大げさではなく、涙がこみ上げてきました。

自分の会社が好きな人は会社の創業者の勉強をします。それで、ますます会社が好きになって、「この会社のためにがんばろう」と思う。

それは悪いことではない。むしろ、良いことです。

自分のお父さんやお爺ちゃんに素敵なご先祖様がいたと思うと誇れる。

私は、そういうことが人間にとって大事だと思います。

それと同じように、私にとっては、**自分たちが生きている国である日本を作ったとされる神武天皇について調べることは、大事だ**と思っています。

歴史について調べたいと思うなら、必ずしも九州に行かなくてもいい。

日本には8万3000の神社があり、それは日本の神道とつながっていて、大変な歴史もあります。神社に行ってみて、ここにどんな由来があって、なぜできたのかを調べていくとおもしろいと思います。

ひとつひとつ見ていくと、いろんなつながりが見えてきます。

本を読んでいるだけよりも、神社に行って関わる人の思いを感じたり、なんでもいいから感じてくること。それが、国史の勉強になると思います。

39

日本人のこれからの役目は、何でしょうか

世界の灯明台《とうみょうだい》になることだと思います。

日本は世界で唯一の**「知《し》らす国」**です。

知らす国、つまり、相手を知って、愛や徳をもって治められている国ということです。「うしはく国」つまり、武力や権力で支配する国とは異なります。

知らす国のあり方、愛すること、知ること、そして相手に愛を持って接することを自分で体現し、ほかの国々のお手本となるのです。

権力で相手に向かっていかない日本のあり方を世界に見せていくことが、日本の役割だと思います。

世界を見渡すと、フランスのヴェルサイユ宮殿にしても、イギリスのバッキンガム宮殿にしても、王様の宮殿は豪華絢爛です。

日本の天皇のお住まいはどうでしょう。

皇居に行くと海外からの要人はびっくりします。質素で飾り気が何もない。

次の瞬間、そこに日本の質素な美しさをみんなが感じて、感動します。粗末だとは誰も思いません。それが日本のすごさであり、役割です。


本当に大切なのは、外見ではないのです。

これから、真の豊かさが求められる時代が来ます。

「真の豊かさ」とは、ひとりひとりが、本来自分があるべき生まれてきた理由を知った上で、人の役に立つこと。

それができたときに心の底から嬉しいという気持ちが湧いてくる。

それが最高であり、真の豊かさです。


商売でも、「お金を儲けたい」というより、お母さんのアカギレの手を何とかしてあげたいと思って手の荒れない洗剤が生まれ、それがたまたまビジネスにつながることがある。

そのほうが、心豊かに発展していけます。


日本人は、「相手のために役立ちたい」という気持ちを持っています。

そういう姿勢を大事にして伝えていくと、世界から争いがなくなると思います。

番外編　日本の偉人列伝

後醍醐《ごだいご》天皇への忠義を誓った楠木正成《くすのきまさしげ》

楠木正成《くすのきまさしげ》（?～1336年）は、鎌倉末・南北朝時代の武将です。後醍醐《ごだいご》天皇の呼びかけに応じて、鎌倉幕府討伐計画に参加しました。

正成は頭脳明晰で巧みな戦略をたて、大阪・河内の千早城で鎌倉幕府の大軍を迎え撃つなど、どんな敵とも戦ってきました。

その後、天皇に背いた足利尊氏《あしかがたかうじ》勢との戦いを命じられます。

足利尊氏は勢力を拡大していたため、正成は、尊氏を京都におびき寄せて挟み撃ちにする作戦を提案しました。しかし、後醍醐天皇はこの案を却下しました。

正成は、わずかな兵で尊氏と戦う道しかありませんでした。多くの武将が利益を求めて尊氏に寝返っていました。しかし、正成は、最後まで後醍醐天皇を支えようと誓ったのです。

そして、討ち死に覚悟で、京都から神戸の湊川に向かいます。尊氏も楠木正成のすごさを知っていますから、一気には攻めてきませんでした。

「なんとか降参してもらえないか。自分たちの仲間に入ってもらえないか。殺すにはあまりにも忍びない」と考えていたからです。

それでも、正成の決意は固く、朝廷に敵対する賊軍に対して絶対に屈しませんでした。

「何度生まれ変わっても天皇に尽くす」と誓い命を絶つ

西国街道の桜井《さくらい》まで進軍した正成は、同行していた息子の正行《まさつら》にこう告げました。

「お前は故郷に帰す」。

正行は「父と一緒に死にたい」と言いましたが、正成は、

「お前は生き残れ。立て直して、何かあったときには天皇をお守りしろ」

と命じ、形見として、かつて後醍醐天皇から下賜《かし》された菊水の紋が入った短刀を授けました。

「桜井の別れ」として有名な話です。大阪にある桜井駅には、正成が息子の正行に話をしている場面が銅像として残っています。

その後、湊川の戦いで、敵に追い詰められた正成は、弟の正季《まさすえ》と二人で小屋に逃げ込みます。そこで、今回の人生はどうだったか言い合いました。

正季は、「お兄さん、最高でしたね、天皇のために命を捧げられて」と言い、二人で、

「生まれ変わっても天皇のために生きたい。我々は七回生まれ変わっても、天皇に命を捧げよう」

と言いながら、刺し違えて自害します。

「何度生まれ変わっても国のために尽力する」という意味の**「七生報国《しちしょうほうこく》」**という四字熟語は、ここからきているといわれます。

尊氏が天下を取り、室町幕府になると、「正成は国賊だ」と広められていき、しばらくはこの考えが世の中に浸透していました。

しかし、江戸時代になり、常陸水戸藩の藩主徳川光圀《とくがわみつくに》が、「正成のことをきちんとしなければ、日本は滅びる。正成こそ真の武士だ」として、元禄5年（1692年）に、墓に**「嗚呼忠臣楠子之墓《ああちゅうしんなんしのはか》」**の碑を立て、御墓所を建てました。

その後、明治時代になって、明治天皇が、正成の忠義を後世に伝えるためにと、神戸の湊川《みなとがわ》に、正成をまつる湊川神社を創建されました。

ところで、時代劇や歌舞伎の演目で有名な「忠臣蔵《ちゅうしんぐら》」という話があります。

47人の赤穂（兵庫）の浪士たちが赤穂藩藩主・浅野内匠頭《あさのたくみのかみ》の仇を取るために、吉良上野介《きらこうずけのすけ》の邸に討ち入りする、というストーリーです。

忠臣蔵では、悪者にされる吉良上野介ですが、地元の人は立派な人だったといいます。一方の浅野内匠頭は忠誠がすごいと言われています。

なぜ、この忠臣蔵が、日本人に熱狂的に受け入れられてきたか。

実は、歴史をさかのぼっていくと、吉良上野介は足利尊氏の子孫で、浅野内匠頭は楠木正成の血を引いていることがわかってきました。

鎌倉時代末期には、正成は尊氏に敗北しましたが、実は、後世にその子孫を見ると、尊氏の血を引くものが敗北している。

忠臣蔵はただの一時代だけの敵討ちの話ではなく、その裏には、鎌倉時代からの忠義の精神がつながっているのかもしれません。

大日本帝国憲法、教育勅語、皇室典範を起草 明治国家の形成に命をかけた井上毅《いのうえこわし》

井上毅《いのうえこわし》（１８４４年～１８９５年）の名を知っている方は少ないかもしれません。

しかし、実は、日本の大転換期、明治という時代を語るときに欠かせない人物です。

井上は、熊本県出身の明治時代の官僚で、明治国家最大のブレーンでした。

明治時代に活躍した政治家、大久保利通《おおくぼとしみち》、岩倉具視《いわくらともみ》、伊藤博文《いとうひろぶみ》らから厚い信頼を得ていました。その証拠に、明治時代に作られた大日本帝国憲法や教育勅語、皇室典範など、当時の重要な法典の草案作りには、必ずといっていいほど携わっています。

この時代の国の基礎作りに大きく関与していたと言っていいでしょう。

日本の国柄を考えつくして大日本帝国憲法に反映

伊藤博文のもとで井上が起草したのが、**大日本帝国憲法《だいにほんていこくけんぽう》**です。

明治時代、日本は押し寄せる西洋文明の波にさらされ、西洋に合わせた様式を作らなければならないと、「憲法」を決める作業が進められました。

できあがったのが、明治22年（１８８９年）２月11日に公布され、翌23年（１８９０年）11月29日に施行された大日本帝国憲法です。

憲法といえば、日本には、聖徳太子が作った十七条憲法《じゅうしちじょうけんぽう》があります。十七条憲法は日本の国民に対して発布されたものです。

大日本帝国憲法は世界水準の国になるために作られた、いわば日本の**国柄**《くにがら》を世界に示すものでした。

日本がどういう国かを世界に示すために重要なのが、憲法の最初の条文、第一条です。最初は次のように書かれていました。

「大日本帝国ハ万世一系ノ天皇之治ス所ナリ」

ところが、実際の大日本帝国憲法では、

「大日本帝国ハ万世一系ノ天皇之ヲ統治ス」

となっています。

「治《しら》ス所ナリ」が、**「統治《とうち》ス」**に変わっています。

これは、伊藤博文が、「治す」は古い言葉だとして「統治す」に変えてしまったのです。

この二つの言葉は、似ていますが、意味がまったく異なります。

「治《しら》ス」はこれまでにお話ししてきた通り、日本のいにしえの言葉で「知《し》らす」こと。支配するのではなく、「相手をよく知って和することで治めていく」という意味があります。「統治ス」とは、「主権者が国土や人民を支配し治めること」で、「うしはく」に近い。「統治ス」は、日本がどういう国柄かを示す言葉としては、ふさわしくありません。

井上が最初に考えた「治ス」のほうの条文では、

「日本という国は、万世一系の、神話からつながる天皇が一切をお知りになって、権力で支配するのではなく、徳をもって、和をもって治めてくださるところなのです」ということが美しい文章であらわされています。こちらのほうが、日本の実情と合っています。

井上は、日本神話、古事記、日本書紀、歴史を徹底的に学びなおし、「しらす」という言葉に出会いました。**「しらす」こそが、日本独自の政治の在り方だと知った**のです。

井上は次のように言っています。

「国を知り、国を知らすという言葉は、どの国にも比べる言葉はない。『知らす』とは、天皇が国民の全て、国の全てをお知りになるということである。日本の国家成立の原理は天皇と国民との契約などではなく、天皇の徳なのである」

なお伊藤博文はのちに、「統治するは、しらすの意味なり」と述べています。

教育勅語の最初の草案にダメ出し。自ら起草に関わる

教育勅語の草案を最初にまとめたのは、教育者の中村正直《なかむらまさなお》でした。中村はもともと儒学者でしたが、英国留学を機にキリスト教の洗礼を受けていました。日本が西洋にならって富国強兵をするには、キリスト教を国教にするしかないと考えていました。

そのため、草案にもキリスト教の影響が見られました。

法制局長官だった井上毅は、草案に法令上問題がないかチェックする立場にありました。井上は当時40代という若さながら、大日本帝国憲法や皇室典範の起草など当時の重要問題の多くに参加した天才中の天才です。

井上は、中村の草案を見て驚きました。

そこには、「天」や「神」といった言葉が、ちりばめられていたからです。

井上はこう考えました。

「天」や「神」といった言葉をもしも天皇陛下がお出しになられたら、仏教徒はどうするのだろう。

日本はすべての宗教に対して和をもって尊しとしている。

このような言葉を陛下が話したら、日本の国は終わってしまう。

広く、大きく、深く、高く、そして何の宗教にも偏らず、大海原のように、大空のように、この天地そのもののような、美しい言葉で語ってもらわなければ、日本はバラバラになってしまうだろう。

井上は当時の総理大臣山縣有朋《やまがたありとも》に対して、「これは絶対ダメです」と直談判に行きます。

井上の思いを理解し受け止めた山縣がこう命じました。

「それならお前が書いてくれ」

この命令を受け、井上は儒学者の元田永孚《もとだながざね》とともに侃侃諤諤《かんかんがくがく》し、教育勅語を作っていきました。そこでは、次のような点に注意が払われました。

・天皇陛下の語る言葉は、哲学的であってはいけない。
・他の宗教を持つ者が困るから一切、宗教のにおいがしないようにする。
・西洋文明の香るものは一切なし。
・大和の心は文字ではなく調べなので、美しい調べにする。
・日本人の心が沸き立つようなものにする。
・子どもたちが読めば、自然と背筋が伸びてくるようなものにする。

そして、最終的に井上がまとめ上げて完成したのが３１５文字の「教育勅語」でした。明治23年（１８９０年）10月30日発布されます。

井上毅はその３年後、第二次伊藤博文内閣の文部大臣となりました。

しかし、結核の持病が悪化し、在任なかばで辞任。明治28年（１８９５年）３月17日に亡くなりました。51歳でした。

まさに、命がけで明治国家の形成に関わった人だったのです。

古事記を江戸時代に蘇らせ、日本のなりたちを後世に伝えた本居宣長《もとおりのりなが》

江戸時代の天才で日本が誇る偉人は、国学者で医師でもあった**本居宣長《もとおりのりなが》**（1730年〜1801年）です。

宣長は、三重県松坂の木綿商の家に生まれました。16歳のとき、叔父の店での商売の修行と勉強のために江戸にやってきました。けれども、商売や江戸の町になじめずに挫折して松坂に帰ります。往復する間に富士山やほかの町の様子を見て、日本に興味が湧きます。

また、宣長が暮らしていた松坂は商人の町で、日本全国と交流がありました。伊勢の隣の宿場町でもあり、伊勢神宮参拝のために日本中の人が町を往来していました。

日本各地からやってくる人を見ていると、「なんば、しよっと」と話す人もいれば、「どっちでもええがな」と話す人がいます。

同じ日本でも全然言葉が違う。なぜだろう。どこからどこが日本なのだろう？

宣長はそんな疑問を抱きはじめます。

そして、参拝にくる人に「あなたの国はどこにあるんですか」と聞き取りをしながら、

３０１９の地名を書き入れて、畳一枚ほどもある大きな日本地図を17歳のときに完成させています。驚くことに、ほぼ今の日本地図の形をしていました。

日本地図をはじめて作ったとして有名なのは伊能忠敬《いのうただたか》です。忠敬は日本中を歩いて測量し、日本地図を完成させました。それは１８２１年のことでした。

宣長は、それより70年以上前に、日本の地図を作っていたことになります。

半生を古事記の注釈づくりに捧げる

宣長の、国学者としての功績は目を見張るものがあります。

なかでも、特質すべきは、**「古事記伝」**の執筆です。

これまでお話ししてきたとおり、日本のもっとも古い歴史書は「古事記」です。

古事記は漢字で書かれていました。とはいっても現代の漢字とは違います。日本語の音に、当時外国語だった漢字を当てた「当て字」でした。

たとえば､季節の「はる」を示すのに「波流」としました。漢字の意味とは関係なく､音だけを借りたのです。しかも、ひとつの音を示すのにいくつもの漢字が使われました。

ひとつの文章を読みとくのは大変な労力が必要でした。もし、当時のままの「当て字」の状態だったら、現代において、誰も古事記を読めなかったでしょう。

読めるようになったのは、宣長のおかげなのです。

宣長が生きた江戸時代は中国文学が人気でした。特に、中国古典文学の三国志や西遊記がこの時代に伝わりよく読まれていました。多くの人が中国の勉強をしていました。

宣長も最初、中国について勉強しました。15歳のときに、中国4000年の皇帝の系図『神器伝授図』を書写しました。横長の巻物の紙に書いていくと10メートルもの長さがありました。宣長は、王朝が切れるところに赤い線を引いていきました。すると、その数がとても多かった。中国は、王朝が作られては滅び、また作られては滅びていることに気づきました。

それに比べて、日本は神武天皇から始まってずっと途切れずに皇統がつながっている。

宣長は、連続していることに価値をおき、**「日本についてもっと勉強しなければならない」**と考えて、国学、つまり日本の古典を学び始めました。

そのときに注目したのが、当時は読むのが難しかった古事記だったのです。

宣長は、資料を読んだり、漢字の研究者から指導を仰ぎながら、「古事記」の解釈に取り組みます。決して簡単な作業ではありませんでした。

たとえば、古事記の最初の4文字「天地初発」の「天地」を「アメツチ」と読むのに5年かかりました。そして、35年という歳月をかけて「古事記伝」という全44巻の古事記の注釈書を書きあげます。

宣長は、古事記伝を書き上げた3年後、72歳で亡くなりました。

宣長がいなければ古事記は現代も読めなかったでしょうし、古事記が解らなければ、日本の始まりがわからなかった。宣長は、日本の歴史の中でも偉人中の偉人であり天才です。

日本が文字を持たなかったのは、「音」の民族だから

ところで、なぜ、古事記は漢字の「当て字」で書かれていたのでしょうか。

日本にはもともと文字がなかったのです。だから、紀元前3世紀ごろに中国大陸から来た漢字を借りて、自分たちの言葉と同じ意味をもつ漢字で、文字として表していました。どうしても漢字で表せないものは、音だけを借りて、当て字として、文字にしていたのです。

自分たちの文字がなかったからといって、日本人が劣っていたわけではありません。

日本は**「言霊《ことだま》の幸《さき》わう国」**といわれます。言葉の力で幸せがもたらされている国という意味です。言葉には霊力があると考えて、昔から大事に扱ってきました。日本人は、文字

の民族ではなく、音（＝調べ）の民族だったのです。

天皇は古代から和歌によって国民に思いを発し、国民は「こんな思いがおありなんだ」と音で聞いて理解していました。日本人はそもそも言霊を音で受け取る能力が高いのです。言葉ですべてを言い尽くさなくても、相手の気持ちや言いたいことがわかる。相手のひとことで十を理解する国民なのです。

文字がなかったからといって、決して劣っていたのではなく、むしろ、日本人らしい特異な才能があった。だから、昔は文字が必要なかったと言えます。


私たちの先祖は、漢字からひらがなを発明したり、漢字に「ルビをふる」という発明もしています。

たとえば、「運命」と書いて「うんめい」ではなく〝さだめ〟とルビをふって読ませたり、同じように「別離」と書いて「わかれ」と読ませてもいい。独自の読み方には「言霊」があります。

ひらがなやカタカナは音を表す文字です。文字そのものに意味はありません。だから、「表音文字」といわれます。小学校で最初に習うひらがなのことを「50音」といいますね。

ひらがなやカタカナが使われるようになったのは9世紀で、それまでは、文字で表す手段は、漢字しかありませんでした。

古事記が書かれたのは712年。当時文字として日本にあったのは漢字だけですから、太安万侶は一生懸命、漢字に音を当てて書きました。

漢字本来の意味と切り離して、音だけを借りたわけですから、漢字の意味を考えながら読んでしまうと、古事記本来の意味と全然違うものになってしまいます。

これはダメだということで、もう一回音で蘇らせようとして、注釈書「古事記伝」を記したのが、宣長だったのです。

宣長によって古事記がこの世に蘇っていなかったら、今の日本はなかったかもしれないと思います。

古事記に書かれた建国の精神があきらかになったからこそ、明治時代になって、「神武建国の理念に戻ろう」とか、「皇紀（初代天皇である神武天皇が即位した年を元年とする年の数え方）」という発想が生まれたのです。

［参考資料］
松阪歴史探訪 本居宣長編 第1話「松阪が育てた宣長」／松坂市制作動画（https://www.youtube.com/watch?v=FX8IAirsPf0）
本居宣長記念館ホームページ（http://www.norinagakinenkan.com/norinaga.html）

日本が世界に誇る名将であり、昭和天皇の教育係だった乃木希典《のぎまれすけ》

東京の港区に乃木神社があります。

明治時代の名将、**乃木希典《のぎまれすけ》**（1849年～1912年）を祭った神社です。

一般の人が神社に祭られるのは、それだけ功績があり、人格者だったからです。

乃木希典は長州藩士の息子として生まれ、維新後フランス式軍事教育を受け、22歳で陸軍少佐となります。しかし、西南戦争で軍旗を奪われるという大失態を犯します。その罪を償うため、「もう自分は死んだ方がいい」と前線で切腹を決意します。

それを察した明治天皇は、「乃木を絶対に殺してはいけない」と呼び戻しました。

そのとき、乃木は、「天皇陛下のために自分の命をかけよう」と誓います。

日露戦争がはじまったとき、乃木は大将になっていました。

自国の大将として、難攻不落の旅順《りょじゅん》要塞203高地《にひゃくさんこうち》の攻略、という大変な使命を受けま

した。

旅順は、露清密約ののちにロシアが租借《そしゃく》していました。ロシアは、太平洋艦隊の主力基地として、旅順の港湾を囲む山々にコンクリートで永久要塞を建設していました。

まさに難攻不落で「3年かかっても、攻略できないだろう」といわれていました。

乃木が大将となり、次々攻撃するも潰され、結果は出ず、日本では「乃木は国賊だ」「天皇陛下の部下たちを死なせている。乃木は能なしだ」と非難されました。

乃木の妻の静子は苦しんで、夜汽車に乗って伊勢に行きます。

そして、伊勢神宮の天照大御神《あまてらすおおみかみ》の前で、「どうか乃木に203高地を、旅順を攻略させてやってください。私たちはなんでも差し出します」と祈りました。

すると天照大御神さまの「乃木の命はないぞ」という声が聞こえました。静子は「わかりました、乃木の命だけではなく、乃木家の命を全部差し出します」と言いました。

神のお告げか、乃木大将の2人の息子は日露戦争で戦死しました。

日本の武士道を世界に知らしめる

二人の息子が戦死した時に、乃木大将は次のように言いました。

「これでやっと戦地で子どもを亡くされた親御さんに顔向けができる。親として子どもを亡くした悲しみをようやく私も持つことができた。息子たちもよく死んでくれた」

乃木大将は、最後に「もうこれで失敗したら後がない」という命がけの総攻撃を指揮し、ロシアの兵隊は恐れをなして逃げ、旅順を攻略。ロシア側は降伏しました。

乃木が司令官となって1年足らずのことでした。

しかし、旅順陥落の話はこれで終わりではありません。

その後、乃木大将は、敵だったロシア側の旅順要塞司令官アナトーリイ・ステッセル（ステッセリ）と会見をします。

通常、降伏した側は、勲章をつけたり、軍刀を持つことはできません。敵を貶めて、貧しい格好をさせるのが常です。

けれども、乃木大将は、ステッセルに勲章をつけさせ、軍刀も持たせました。

敵の将軍を将軍として扱ったのです。その写真が世界に配信されると、「日本の乃木という男は、なんとすごい武士なのだ。日本の武士道はすごい」と世界が驚きました。

日本の旅順攻略は驚くべきことですが、それにもまして、敵の将軍に軍刀をもたせ、誇りを失わせなかった日本の精神はなんてすごいのだ、と絶賛されたのです。

さらに、この話には続きがあります。

ロシアの皇帝は、日本に旅順を取られたことでステッセルを処刑しようとしました。それを聞いた乃木大将は、ロシア皇帝に対して、「あれほど見事な武将で、あれほど立派な人間を処刑すると、あなたの名誉に傷がつきます。どんなことがあっても、彼を処刑してはいけない」と手紙を書きました。

ステッテルは処刑をまぬがれましたが、更迭されました。貧しい生活を強いられたステッセルに対して、乃木大将はずっと経済的援助をしました。

明治天皇の意向で孫の教育係に抜擢される

乃木大将は、その後帰国し、明治天皇に面会しました。

大切な天皇の子どもである兵士をたくさん死なせてしまったことを謝罪するためです。

このとき、乃木大将は責任を取って切腹するつもりでした。明治天皇は、それを察し、「乃木、死んではならん。死ぬなら余がこの世から去ってからにせよ」と命じました。

乃木大将は「はい」と返事をしました。

乃木大将は、切腹はしませんでしたが、罪の意識は深く、その後講演などで呼ばれる機会があると、

「天皇の大切な兵士をもっともたくさん殺した男でございます」

といって深々と頭を下げていました。

乃木大将は、世界の大将軍であり、その後も軍隊から「ぜひ来てほしい」と要望がありました。しかし、明治天皇が「軍隊に行ってはならん」と許しませんでした。

乃木大将が明治天皇の意向で就任したのは、学習院院長でした。

学習院は、主に華族の子弟が学ぶ教育機関として明治10年に創立されました。乃木は明治40年にその第10代院長になったのです。のちの昭和天皇、裕仁《ひろひと》親王殿下が入学する前年でした。つまり、明治天皇は、自分の孫（裕仁親王殿下）の教育係になってほしいと乃木に命じたのです。

乃木の教育はどのようなものだったのでしょう。

あるとき、旅館で幼い裕仁親王殿下のズボンが破れてしまったことがあります。裕仁親王殿下は、こんなものを着るのは嫌だと言いました。

乃木は「身なりが貧しいのはよくありませんが、質素にするのは美しいことです。ズボンが破れたら、ついでもらいなさい」と教えました。

裕仁親王殿下は乃木の教育をしっかり受けて成長していかれます。

明治天皇の国葬の日に自害

明治45年7月に明治天皇が病に伏すと、亡くなるまでの2週間、乃木は朝晩欠かさずに訪ねていきました。

やがて明治天皇が崩御。嘉仁皇太子は天皇に即位し、裕仁親王は皇太子になりました。

国葬の「大喪《たいそう》の礼」が執り行われる3日前のこと。

裕仁皇太子のもとを学習院長、希典が訪れました。

そして、これまで以上に勉学に励まれること、身体を大切にすることをお伝えし、「中朝事実」など書物2冊を差し出しました。

自分の愛読書であり、大事なところは印をつけてあること。いまは難しいと感じるかもしれないけれども、殿下のためになる本なので献上する、と伝えました。

3日後、大喪の礼の太鼓が鳴らされ、明治天皇が御陵に送られていくときのことです。

乃木は、

「ご一緒仕ります」

と言って、自宅で切腹しました。

妻の静子夫人は、
「私はいつも（戦地に行かずに）おいていかれたけれども、今回だけはお供させていただきます」
と言って、胸を突いて絶命しました。

東京赤坂にある旧乃木邸は、年に3回一般公開されています。私が行ったときは、自害した日に着ていた服が公開されていました。見せていただいた途端、私は涙がこぼれてきて止まりませんでした。

昭和天皇は、明治天皇を見て育ち、乃木大将から帝王学を学んで成長されたからこそ、マッカーサーがきても一歩も引かずに、「全部の責任は私にある。国民を救ってもらいたい」と仰ることができたのです。

第二次世界大戦に負けて、占領されたとき、連合軍に対して毅然とした態度で一歩も引かずに国を譲らなかった。

あのお姿の中には、明治天皇と乃木大将の魂が生きていたと思います。

おわりに

一人ひとりが日本の良さを自覚するほど、世界に良い風が吹く

最後までお読みいただき、ありがとうございました。

みなさんは日本という国に生まれた奇跡を、意識したことがありましたか？
私自身、まったく意識していませんでした。
「日本がすばらしい国であることを知らない」ことにさえ、気づきませんでした。

留学から戻ってきた娘に**「日本のことを教えて！」**と言われたのをきっかけに、日本について調べはじめ、日本のすばらしさをわかってくるにしたがって、自分の誇りとなり、生きる力になりました。

特に誇りに思えるのは、２６００年以上、日本という国が続いている点です。

娘（一番左）と留学先のホストファミリーのみなさん

私は聖書を学ぶ過程で多くのイスラエルの友人ができました。イスラエルは、ユダヤ人が多く住んでいます。１９４８年に建国していますから、１００年経っていません。

そもそも、かつてユダヤ王国がありましたが、西暦70年に滅亡して、ユダヤ人は世界各地に離散していました。

そのような歴史をもつ民族からすれば、「ずっと続いている日本は本当にすごい」ということになり、私は、幾度となく「アカツカ、お前の国はすごいな」と称賛されました。

イスラエルの人だけでなく、ほかの国の人からもいわれます。

国が長く続いていることは、本当にすごいことなのです。

そのことに気づかないのはもったいないとし

か、いいようがありません。

気がつくと知りたい気持ちが湧いてきます。

愛の反対言葉は無関心といいます。関心をもつことが愛の始まりです。

祖国を愛する気持ちは大切だと、私自身体感しています。

「祖国を愛する」というと、軍国主義や選民思想に結びつけ、「だめな思想」と否定する人がいます。でも、本当にそうでしょうか。

家族を愛するように、自分の国を愛するのは、国民としてあたりまえのことです。

自分を愛するからこそ、他人を愛せるように、生まれた国を愛する思いがあれば、他の国の人を愛する気持ちにもつながるでしょう。

だから、ひとりでも多くの人に祖国を愛する気持ちを育んでほしいと思います。

自分の国を「誰が、いつ作ったのか」を言えるのは、自然なことです。

今の日本では、何人の方が答えられるのでしょう。

現状はあまりにも不自然だと感じます。

これから世界は、ますます出口の見えない混沌とした局面に入っていくと思います。

この原稿を書いているさなかに、新型コロナウイルスが猛威をふるい、世界中の人を震撼させています。新型コロナウイルスの問題が去ったあと、世界は大きな変容を求められることになるでしょう。これまで通りとはいきません。


そのような中において、日本の在り方は世界の希望になると思います。

大地震が起きようと、戦争がぼっ発しようと、何が起ころうとも２６００年以上続いてきた。

そうした国のあり方が、日本人のみならず、世界中の人の未来を照らす灯明になると思うのです。

日本人一人ひとりが、自分の国を思い、古の時代から受けつがれてきた自分や周囲の人を大切にする心をもっと自覚すれば、さらにいい風が日本から世界に吹くでしょう。

本書が、自分や日本を知る新しい学びの始まりになり、あるいは、何か自分の行動を変えるきっかけになれば幸いです。

赤塚 高仁

赤塚高仁（あかつか　こうじ）

オンライン國史塾 塾長　人生が変わる聖書漫談師　ヤマト・ユダヤ友好協会会長

１９５９年三重県津市生まれ、明治大学政治経済学部卒業。

日本の宇宙開発の父、ロケット博士として世界に名高い、故・糸川英夫博士の一番の思想継承者。

日本とイスラエルとの交流に人生を捧げた糸川博士の遺志を継ぎ『ヤマト・ユダヤ友好協会』の会長を務める。

イスラエルを30年かけて20回以上訪れ、鍵山秀三郎氏、神田昌典氏、船井勝仁氏、本田健氏、永松茂久氏、來夢氏をはじめ、８００人を超える人々に人間、イエスを伝える導き手として活躍している。

「民族の歴史を失った民族は、必ず滅びる」というユダヤの格言や、荒野に挑むユダヤ民族との交流を通して、祖国日本を洞察。

伊勢の父と呼ばれた伊勢修養団の故・中山靖雄先生にも長年師事したことから、その遺志を引き継ぎ伊勢神宮での「やまとこころの祭り」を開催している。ヤマト人の歴史を取り戻すべく「やまとこころのキャンドルサービス」をテーマに講演会を全国各地で開催。その集大成として「オンライン國史塾」を主催し塾長に。

２０１９年、還暦を迎えて、父が起こした赤塚建設を引き継ぎ30年間、愛される経営を続けた社長業を引退し会長に。またライフワークとして「人生が変わる聖書漫談師」として活動し、ユダヤ人の人生の成功のエッセンスである「聖書」に学び、現地を旅し、足の裏で読み解き、人類の知恵の書として伝える「人生が変わる聖書漫談塾」を全国各地とオンラインで開催。

年間１００回、聴講者累計10万人以上、著作10作を上梓し、講師、作家として活躍している。

主な著作として「聖なる約束シリーズ」「日本よ永遠なれ」（きれい・ねっと刊）がある。

オンライン國史塾　https://peraichi.com/landing_pages/view/okj

赤塚高仁公式ブログ https://ameblo.jp/seishomandan

赤塚高仁の YouTube チャンネル　「赤塚高仁の聖書漫談チャンネル」で検索してください

Special Thanks to

作家プロデュース
山本 時嗣（ダーナ）

編集協力
小川 真理子（文道）

写真　Shutterstock

はじめての日本国史
お父《とう》さん、日本《にほん》のことを教《おし》えて！

二〇二〇年（令和二年）八月二十五日　初版第一刷発行
二〇二二年（令和四年）九月十一日　初版第六刷発行

著　者　赤塚 高仁
発行者　石井 悟
発行所　株式会社自由国民社
東京都豊島区高田三―一〇―一一　〒一七一―〇〇三三
電話〇三―六二三三―〇七八一（代表）
造　本　ＪＫ
印刷所　奥村印刷株式会社
製本所　新風製本株式会社